·	0	1	2	3	4	5	6	7	8	9	10
5											
10											

·	0	1	2	3	4	5	6	7	8	9	10
2	0	2	4	6	8	10	12	14	16	18	20
4											
8											

3

·	0	1	2	3	4	5	6	7	8	9	10
3											
6											
9											

4

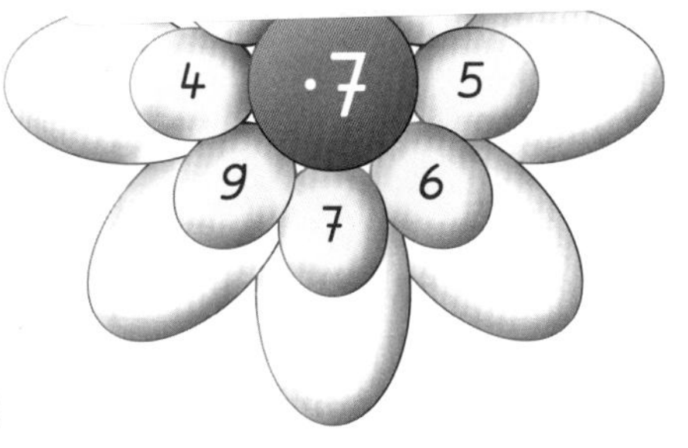

0 · 5 =	15 = ___ · 5	15 : 5 =
1 · 5 =	10 = ___ · 5	5 : 5 =
2 · 5 =	5 = ___ · 5	10 : 5 =
3 · 5 =	20 = ___ · 5	25 : 5 =
4 · 5 =	25 = ___ · 5	20 : 5 =
5 · 5 =	30 = ___ · 5	50 : 5 =
6 · 5 =	35 = ___ · 5	40 : 5 =
7 · 5 =		30 : 5 =
8 · 5 =	50 = ___ · 5	45 : 5 =
9 · 5 =	45 = ___ · 5	0 : 5 =
10 · 5 =	40 = ___ · 5	35 : 5 =

2

0 · 3 =	12 = ___ · 3	3 : 3 =
1 · 3 =	15 = ___ · 3	12 : 3 =
2 · 3 =	18 = ___ · 3	6 : 3 =
3 · 3 =	21 = ___ · 3	9 : 3 =
4 · 3 =	3 = ___ · 3	18 : 3 =
5 · 3 =	6 = ___ · 3	27 : 3 =
6 · 3 =	9 = ___ · 3	0 : 3 =
7 · 3 =		15 : 3 =
8 · 3 =	24 = ___ · 3	24 : 3 =
9 · 3 =	27 = ___ · 3	30 : 3 =
10 · 3 =	30 = ___ · 3	21 : 3 =

3

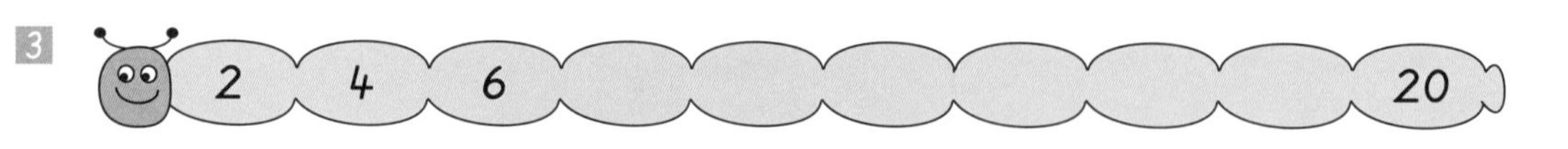

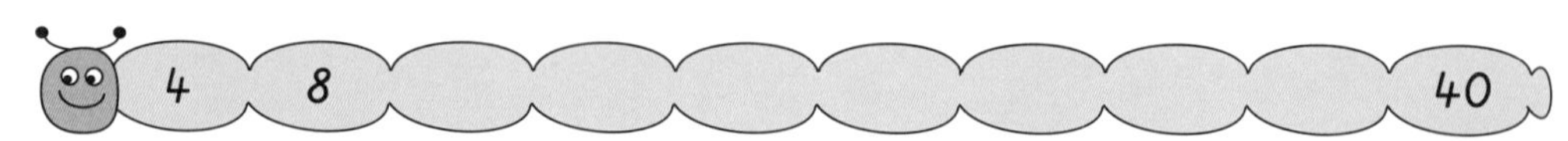

1

·7

0 · 7 =	7 = · 7	14 : 7 =
1 · 7 =	14 = · 7	7 : 7 =
2 · 7 =	21 = · 7	21 : 7 =
3 · 7 =		35 : 7 =
4 · 7 =	70 = · 7	0 : 7 =
5 · 7 =	63 = · 7	28 : 7 =
6 · 7 =	56 = · 7	49 : 7 =
7 · 7 =	28 = · 7	63 : 7 =
8 · 7 =	35 = · 7	42 : 7 =
9 · 7 =	42 = · 7	70 : 7 =
10 · 7 =	49 = · 7	56 : 7 =

2

·8

0 · 8 =	80 = · 8	16 : 8 =
1 · 8 =	72 = · 8	8 : 8 =
2 · 8 =	64 = · 8	32 : 8 =
3 · 8 =		40 : 8 =
4 · 8 =	32 = · 8	24 : 8 =
5 · 8 =	40 = · 8	0 : 8 =
6 · 8 =	48 = · 8	56 : 8 =
7 · 8 =	56 = · 8	64 : 8 =
8 · 8 =	24 = · 8	48 : 8 =
9 · 8 =	16 = · 8	80 : 8 =
10 · 8 =	8 = · 8	72 : 8 =

3

6 | 12 | | | | | | | | 60

9 | 18 | | | | | | | | 90

Malreihen

1

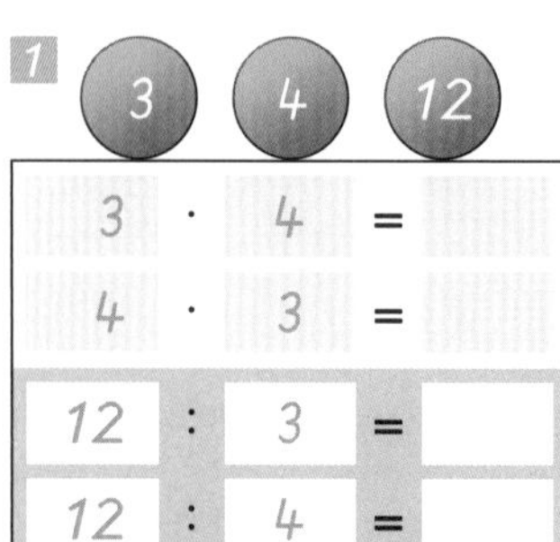
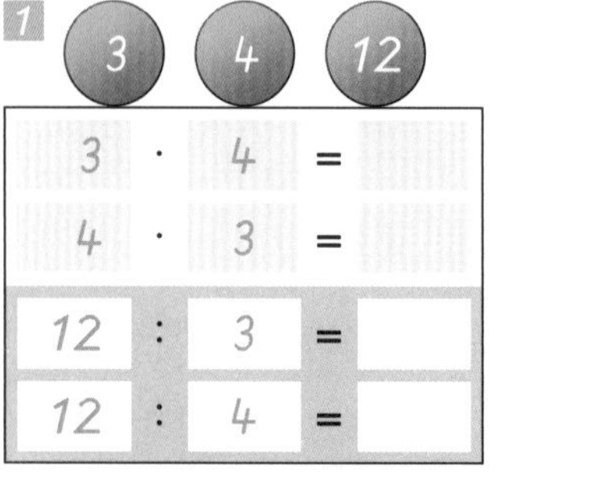

3	4	12
3 ·	4 =	
4 ·	3 =	
12 :	3 =	
12 :	4 =	

2

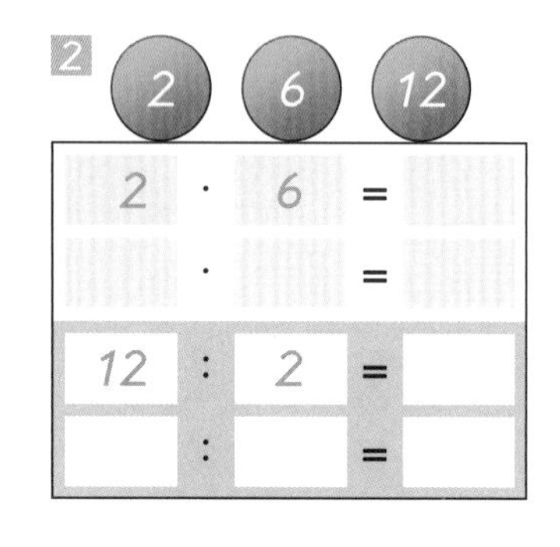

2	6	12
2 ·	6 =	
·	=	
12 :	2 =	
:	=	

3

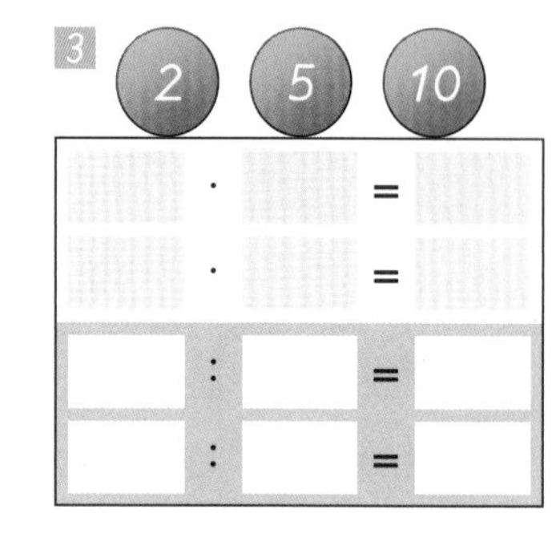

2	5	10
·	=	
·	=	
:	=	
:	=	

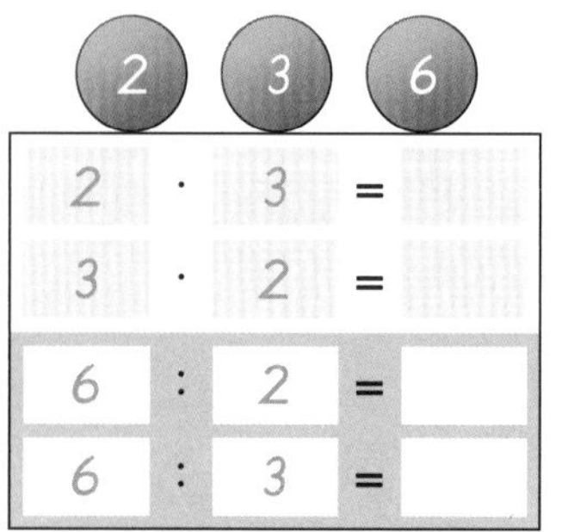

2	3	6
2 ·	3 =	
3 ·	2 =	
6 :	2 =	
6 :	3 =	

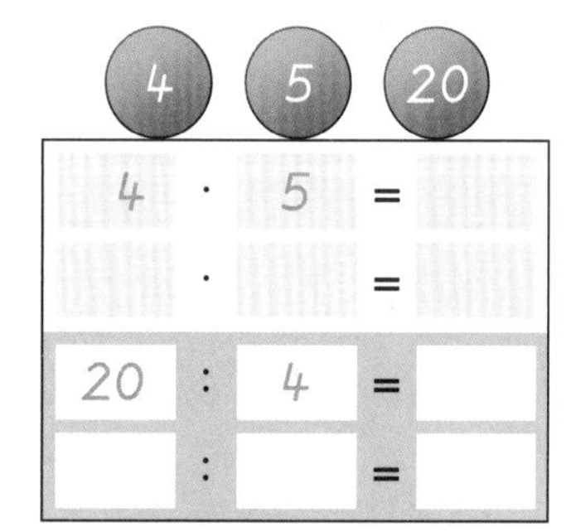

4	5	20
4 ·	5 =	
·	=	
20 :	4 =	
:	=	

5	7	35
·	=	
·	=	
:	=	
:	=	

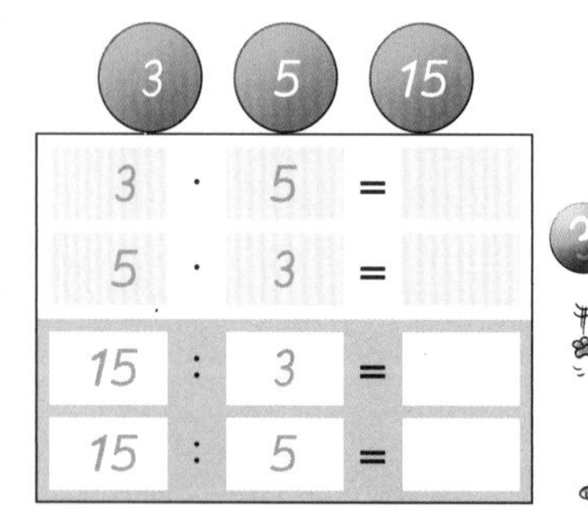

3	5	15
3 ·	5 =	
5 ·	3 =	
15 :	3 =	
15 :	5 =	

3	7	21
3 ·	7 =	
·	=	
21 :	3 =	
:	=	

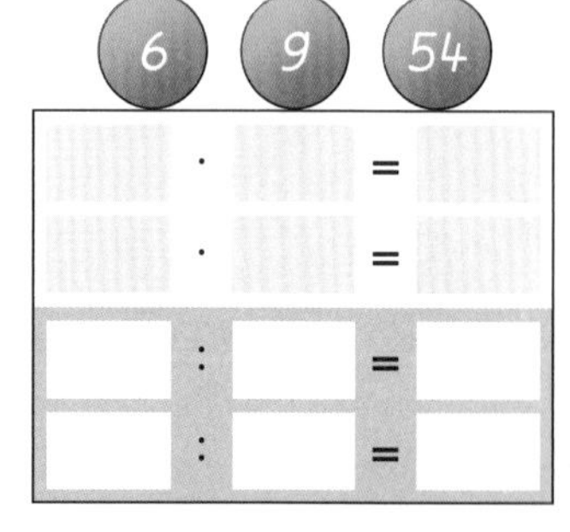

6	9	54
·	=	
·	=	
:	=	
:	=	

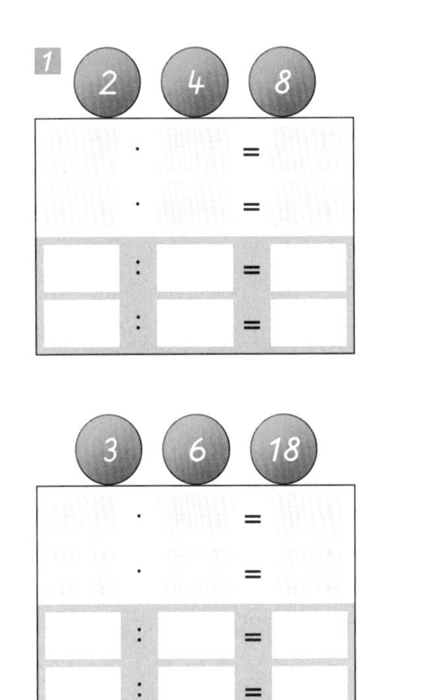
1
2 4 8
3 6 18

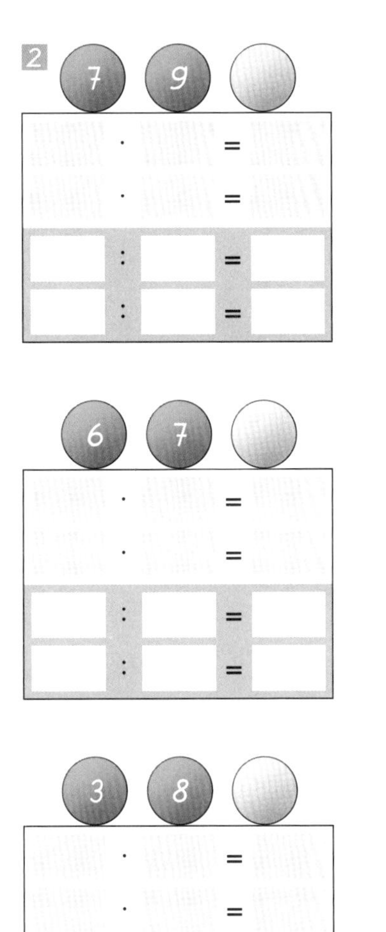
2
7 9
6 7

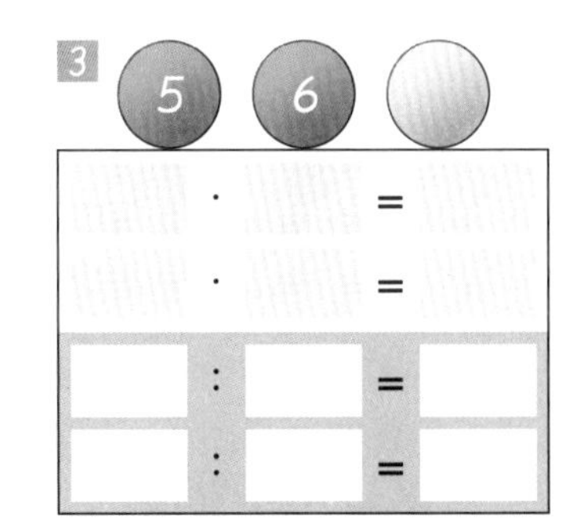
3
5 6

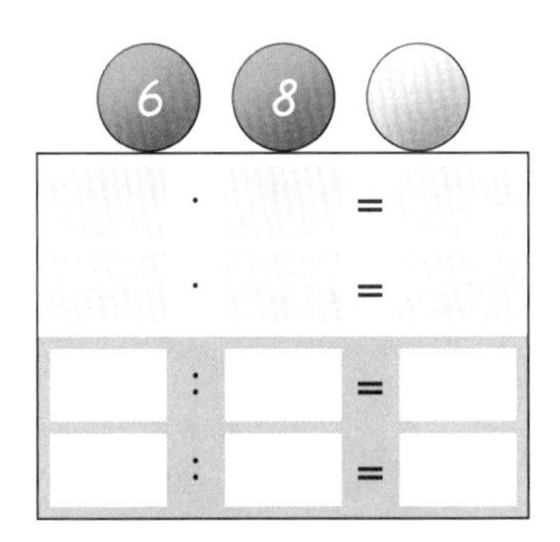
6 8

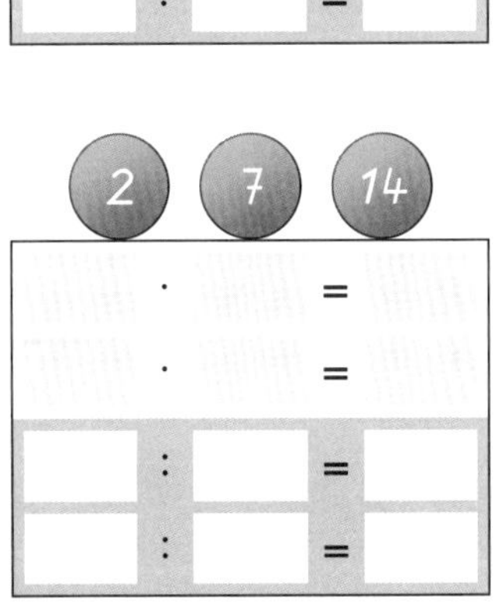
2 7 14

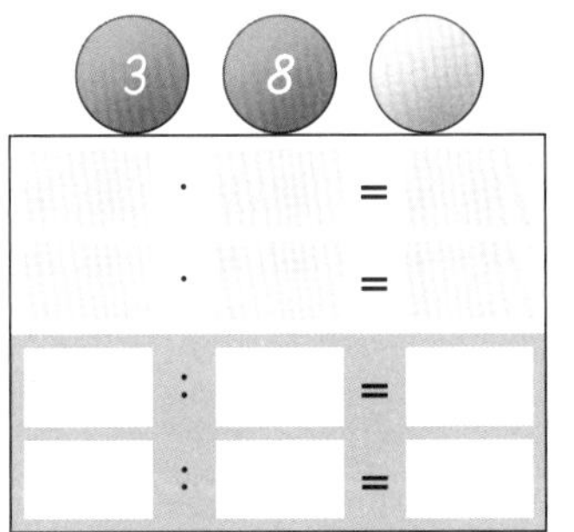
3 8

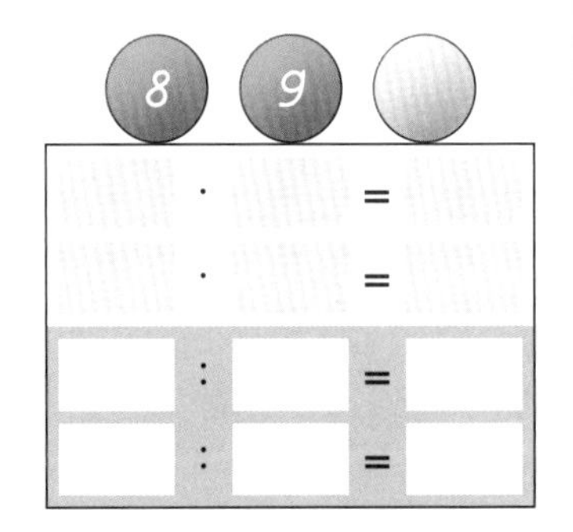
8 9

1

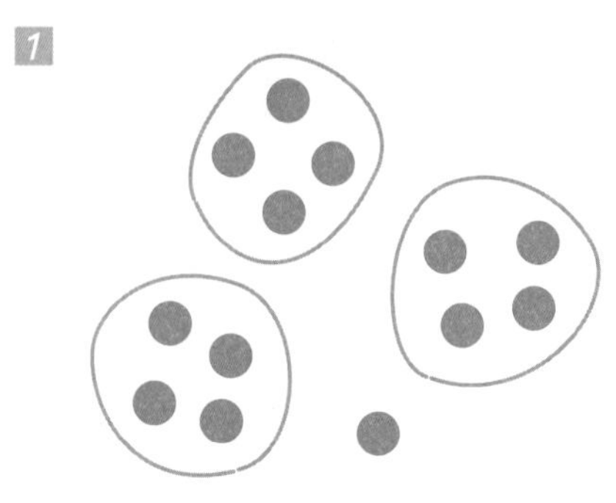

13 : 4 = 3 Rest 1

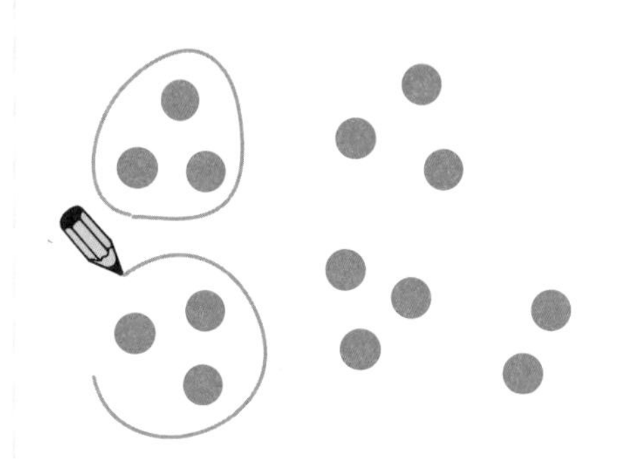

14 : 3 = 4 Rest

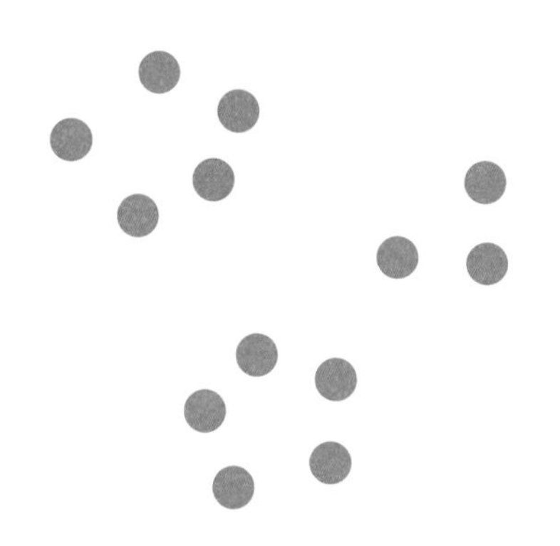

13 : 5 = Rest

2

5 : 2 = 2 R 1
4 : 2 =

22 : 4 = R
20 : 4 =

10 : 4 = 2 R
8 : 4 =

19 : 2 = R
18 : 2 =

19 : 5 = 3 R
15 : 5 =

33 : 5 = R
30 : 5 =

3

22 : 6 = R
18 : 6 =

37 : 9 = R
36 : 9 =

43 : 8 = R
40 : 8 =

29 : 3 = R
27 : 3 =

26 : 3 = R
24 : 3 =

24 : 7 = R
21 : 7 =

1

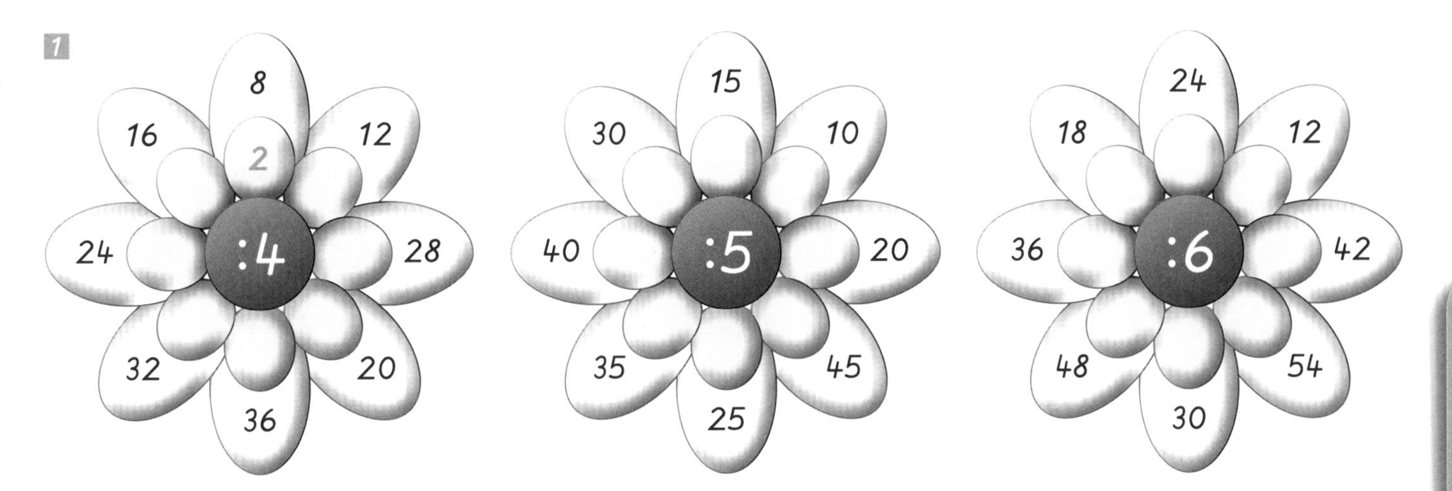

2

5 : 4 = R

9 : 4 = R

13 : 4 = R

17 : 4 = R

21 : 4 = R

25 : 4 = R

29 : 4 = R

33 : 4 = R

3

6 : 5 = R

7 : 5 = R

8 : 5 = R

9 : 5 = R

11 : 5 = R

12 : 5 = R

13 : 5 = R

14 : 5 = R

4

8 : 6 = R

10 : 6 = R

14 : 6 = R

16 : 6 = R

20 : 6 = R

22 : 6 = R

26 : 6 = R

28 : 6 = R

5

19 : 2 = R

19 : 3 = R

19 : 4 = R

19 : 5 = R

19 : 6 = R

19 : 7 = R

19 : 8 = R

19 : 9 = R

Rechnung

$54 + 23 = 77$

$54 + 20 = 74$

$74 + 3 = 77$

Verkürzte Schreibweise

$54 + 23 = 77$

74

1

$23 + 14 =$ 33

$47 + 21 =$

$15 + 13 =$

$64 + 15 =$

$34 + 11 =$

$56 + 31 =$

$36 + 23 =$

$72 + 24 =$

$42 + 14 =$

$66 + 22 =$

$31 + 33 =$

$51 + 42 =$

2

$17 + 15 =$

$46 + 26 =$

$24 + 17 =$

$65 + 27 =$

$36 + 25 =$

$56 + 25 =$

$27 + 26 =$

$47 + 37 =$

$47 + 17 =$

$77 + 15 =$

$35 + 36 =$

$58 + 37 =$

Rechnung	Verkürzte Schreibweise
56 – 34 = 22	56 – 34 = 22
56 – 30 = 26	26
26 – 4 = 22	

1

27 – 12 =

17

45 – 24 =

36 – 13 =

54 – 23 =

63 – 11 =

47 – 25 =

35 – 21 =

67 – 22 =

96 – 32 =

87 – 41 =

97 – 26 =

74 – 51 =

2

32 – 14 =

43 – 16 =

41 – 25 =

64 – 26 =

55 – 27 =

73 – 36 =

52 – 17 =

82 – 34 =

74 – 45 =

95 – 16 =

83 – 27 =

91 – 22 =

Erst Zehner weg, dann Einer weg

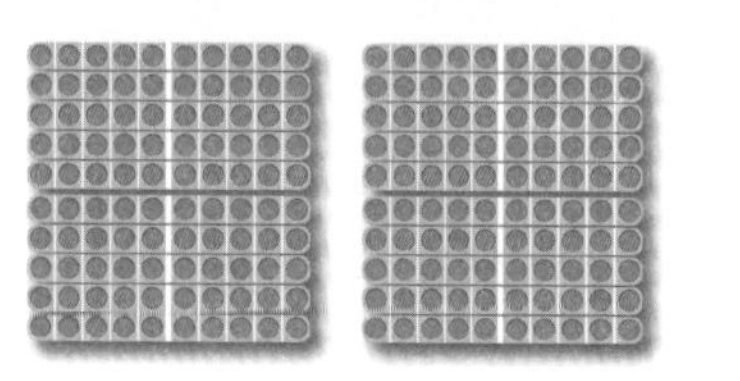
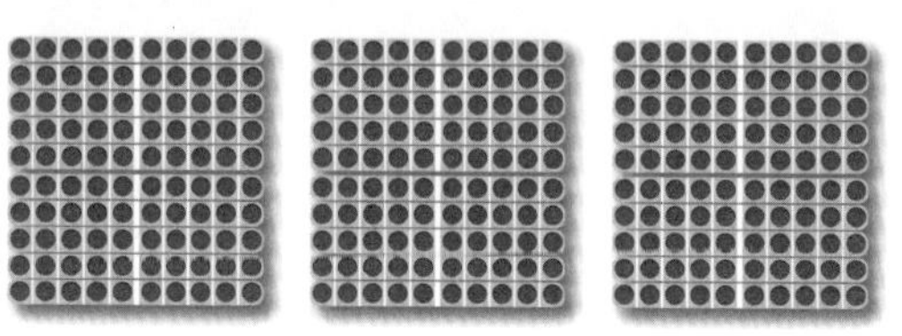

2 Hunderter + 3 Hunderter = 5 Hunderter

200 + 300 = 500

1

300 + 200 = 500	500 + 200 =
30 + 20 = 50	50 + 20 =
3 + 2 = 5	5 + 2 =
200 + 100 =	700 + 300 =
20 + 10 =	70 + 30 =
2 + 1 =	7 + 3 =
400 + 300 =	100 + 800 =
40 + 30 =	10 + 80 =
4 + 3 =	1 + 8 =
200 + 600 =	900 + 100 =
20 + 60 =	90 + 10 =
2 + 6 =	9 + 1 =

2

400 – 100 =	700 – 300 =
40 – 10 =	70 – 30 =
4 – 1 =	7 – 3 =
500 – 400 =	800 – 600 =
50 – 40 =	80 – 60 =
5 – 4 =	8 – 6 =
600 – 200 =	1000 – 500 =
60 – 20 =	100 – 50 =
6 – 2 =	10 – 5 =
900 – 300 =	900 – 700 =
90 – 30 =	90 – 70 =
9 – 3 =	9 – 7 =

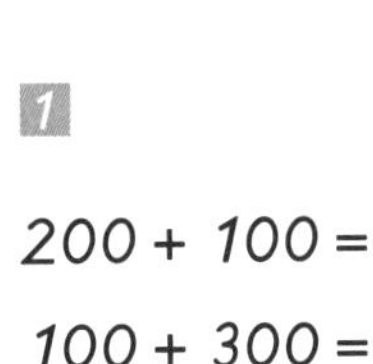

1

200 + 100 =
100 + 300 =
300 + 200 =
500 + 300 =
300 + 400 =
700 + 200 =
500 + 500 =
400 + 200 =
800 + 100 =
600 + 400 =
200 + 500 =
400 + 400 =

2

200 – 100 =
500 – 200 =
600 – 400 =
1000 – 300 =
800 – 300 =
1000 – 100 =
900 – 500 =
800 – 200 =
1000 – 200 =
400 – 400 =
900 – 600 =
700 – 300 =

3

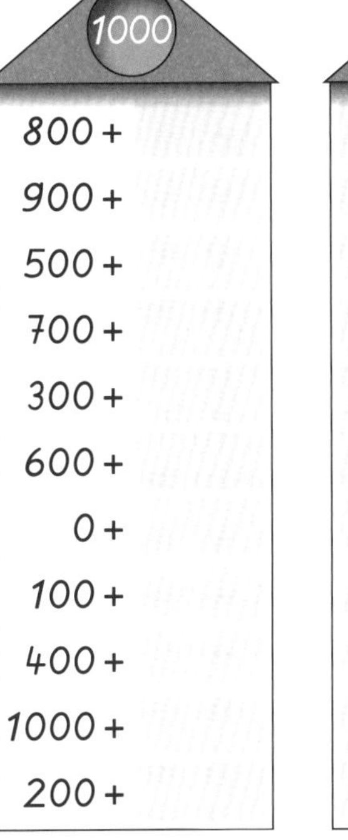
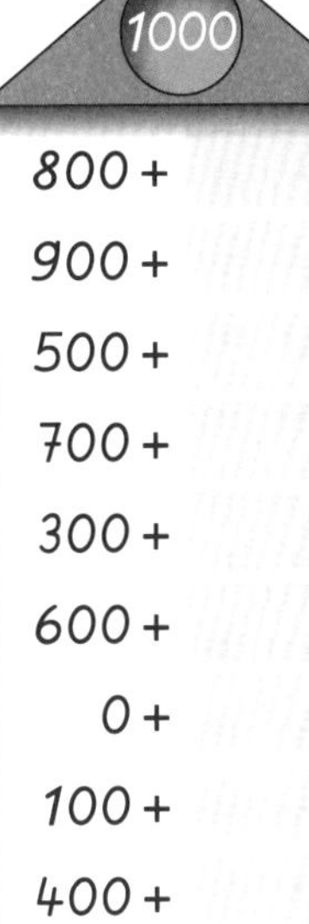

1000
800 +
900 +
500 +
700 +
300 +
600 +
0 +
100 +
400 +
1000 +
200 +

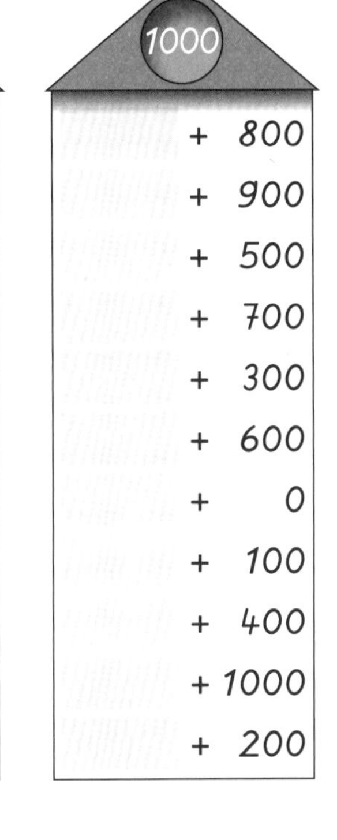

1000
+ 800
+ 900
+ 500
+ 700
+ 300
+ 600
+ 0
+ 100
+ 400
+ 1000
+ 200

4

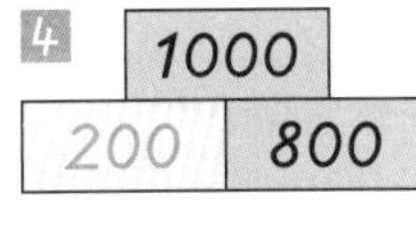

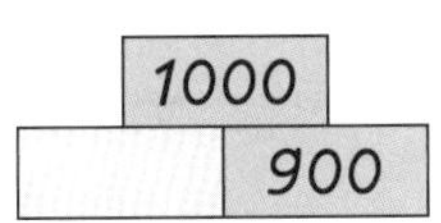

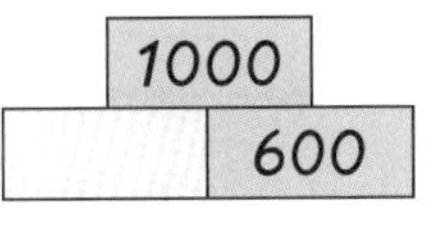

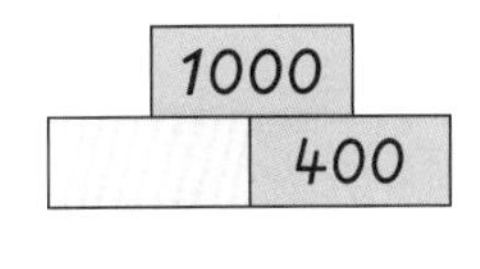

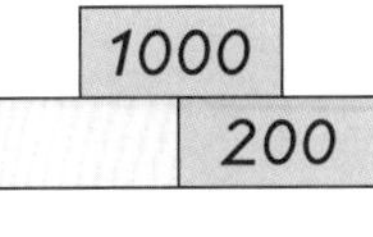

1000
700

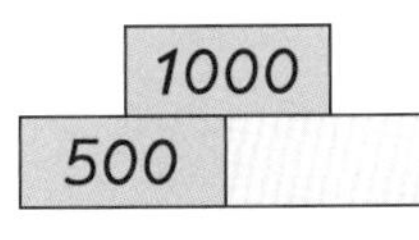

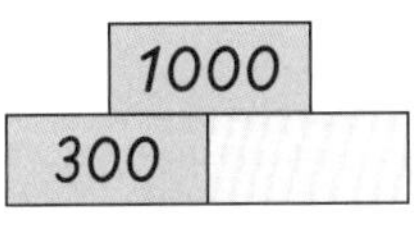

1000
300

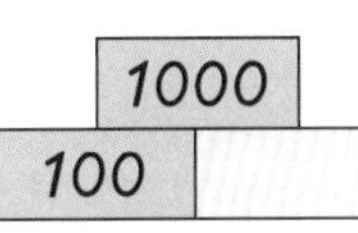

Hunderterzahlen

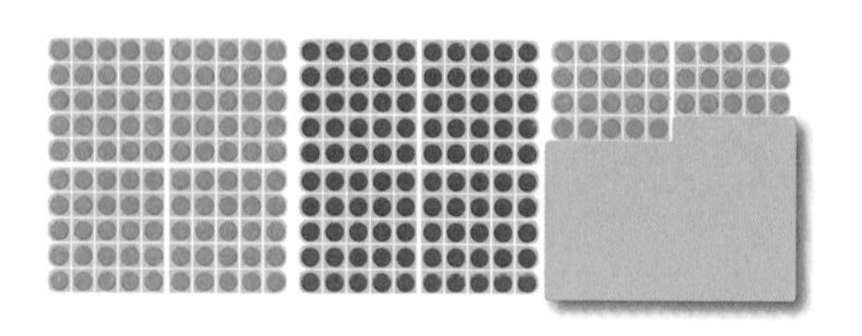

H	Z	E
2	3	5

Zahl 235

235 = 200 + 30 + 5

H	Z	E

Zahl

326 = 300 + +

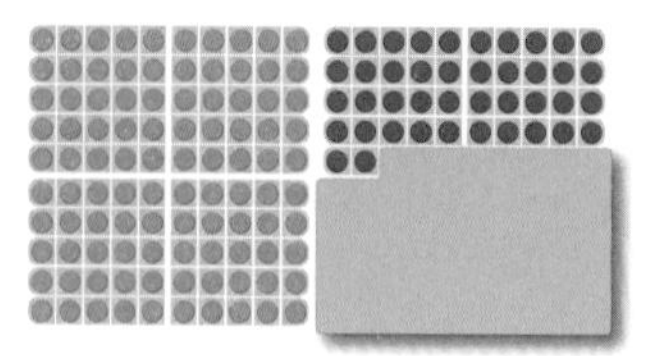

H	Z	E

Zahl

142 = 100 + +

H	Z	E

Zahl

= + +

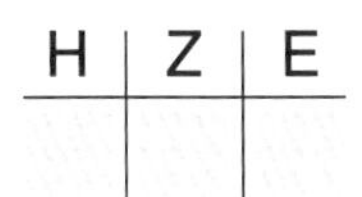

H	Z	E

Zahl

= + +

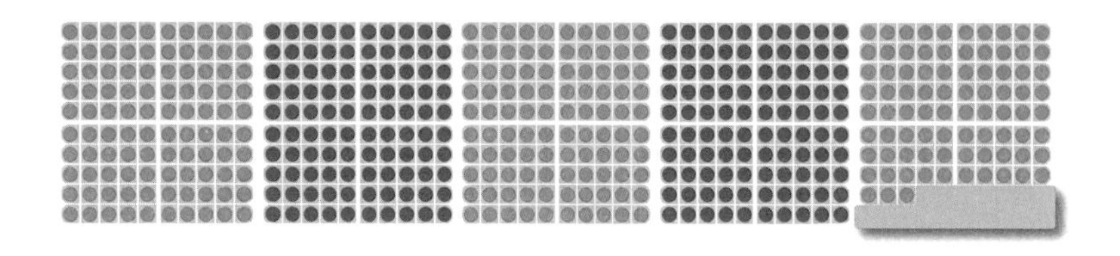

H	Z	E

Zahl

= + +

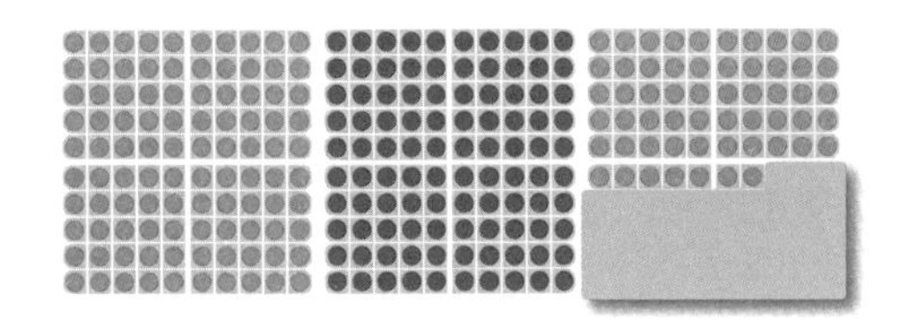

H	Z	E

Zahl

= + +

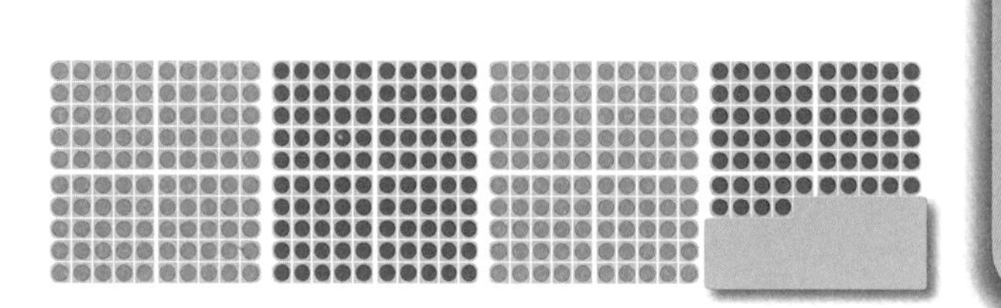

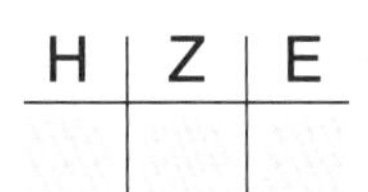

H	Z	E

Zahl

= + +

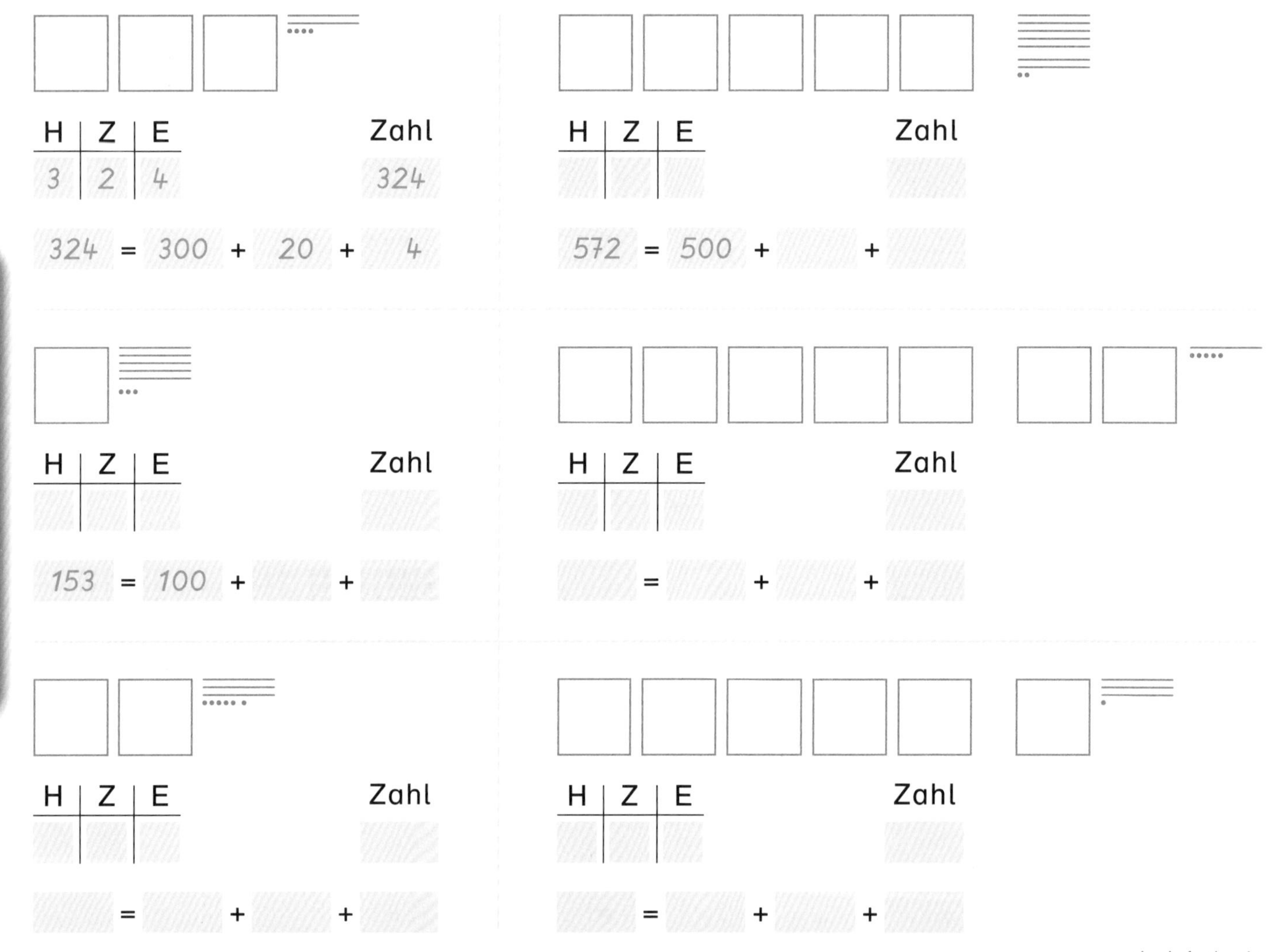
H | Z | E
Zahl
3 2 4
324
324 = 300 + 20 + 4
H | Z | E
Zahl
572 = 500 + +
H | Z | E
Zahl
153 = 100 + +
H | Z | E
Zahl
= + +
H | Z | E
Zahl
= + +
H | Z | E
Zahl
= + +

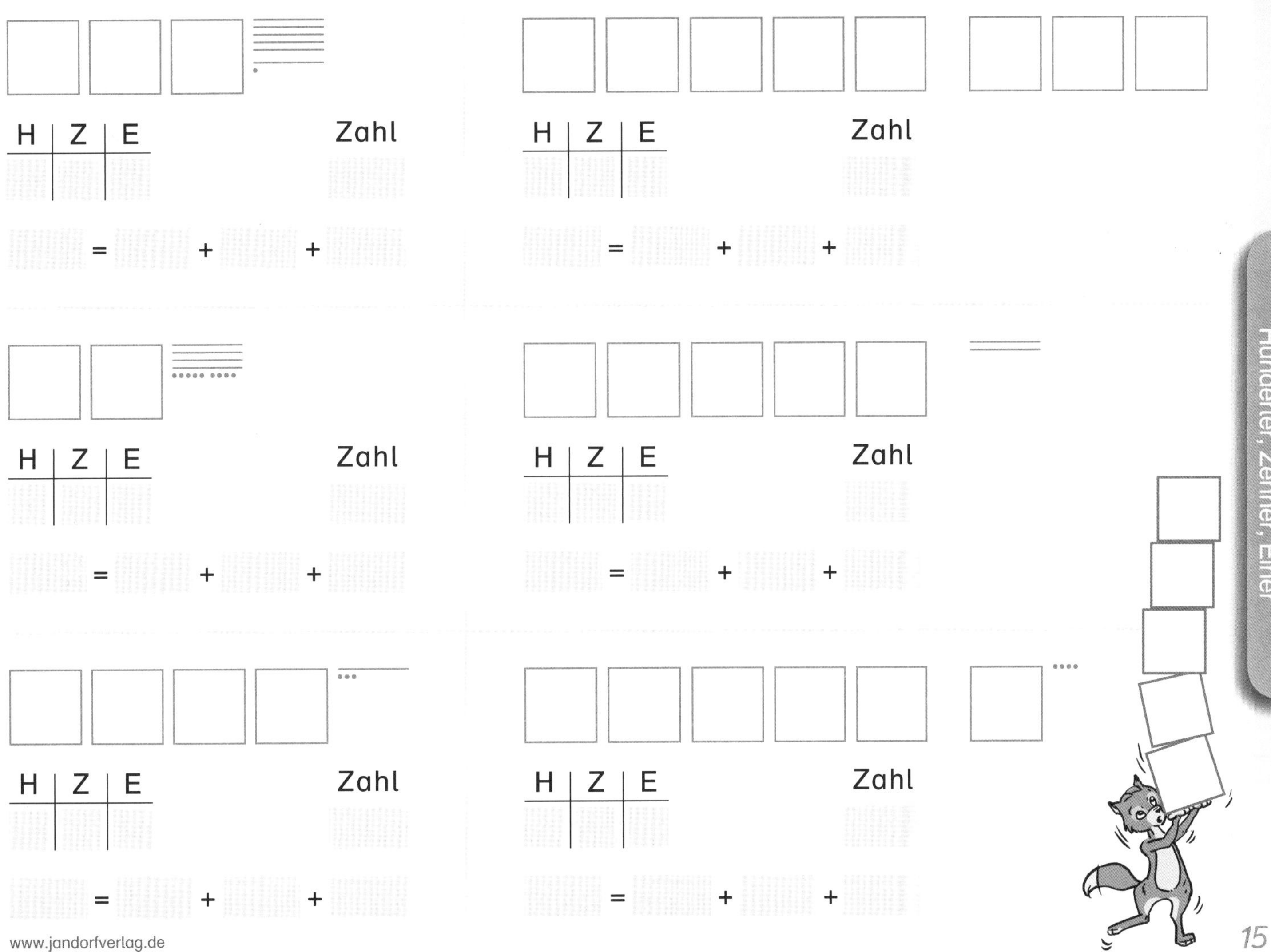
Hunderter, Zehner, Einer
H | Z | E
Zahl
= + +
H | Z | E
Zahl
= + +
H | Z | E
Zahl
= + +
H | Z | E
Zahl
= + +
H | Z | E
Zahl
= + +
H | Z | E
Zahl
= + +

1

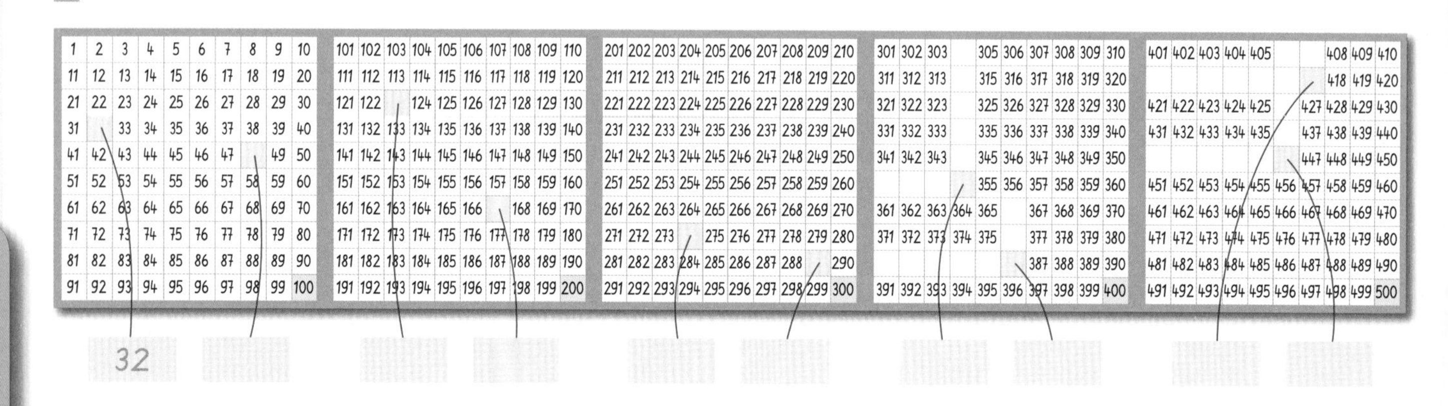

Ausschnitte aus dem Tausenderbuch. Trage die fehlenden Zahlen ein.

2 3

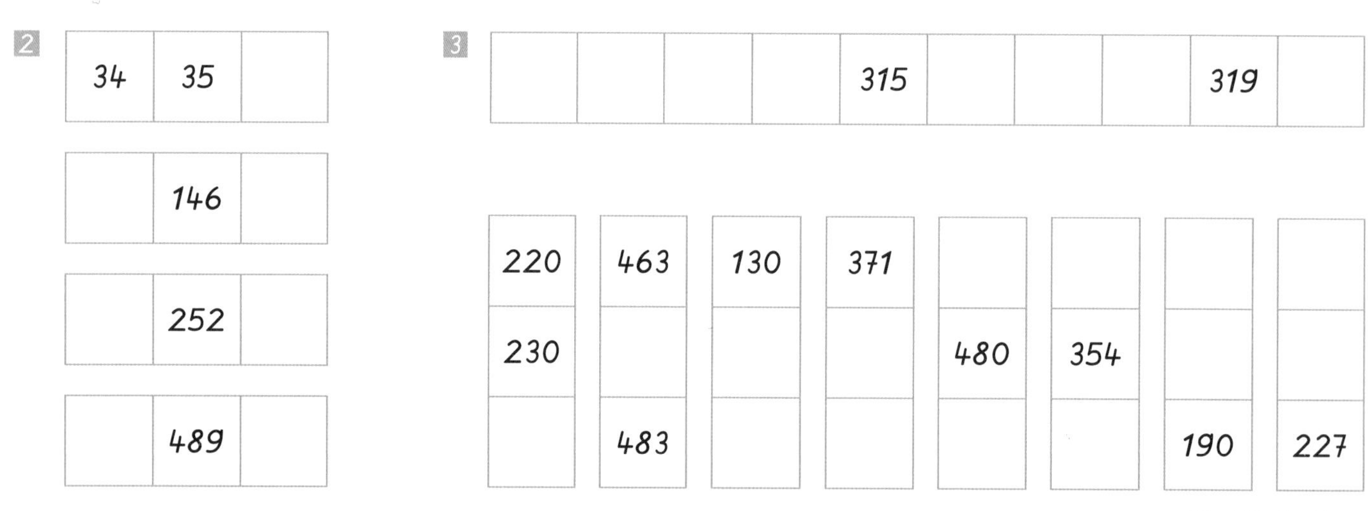

Tausenderbuch

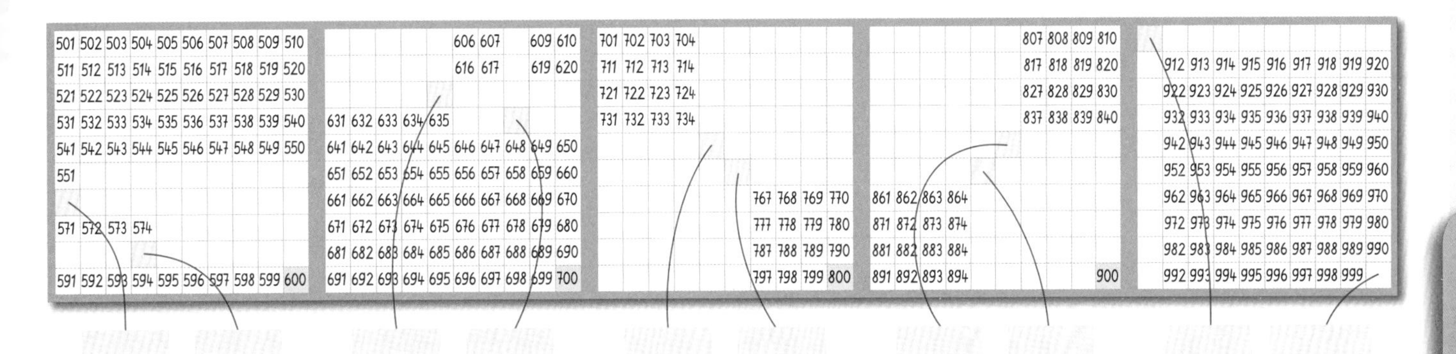

Ausschnitte aus dem Tausenderbuch. Trage die fehlenden Zahlen ein.

4

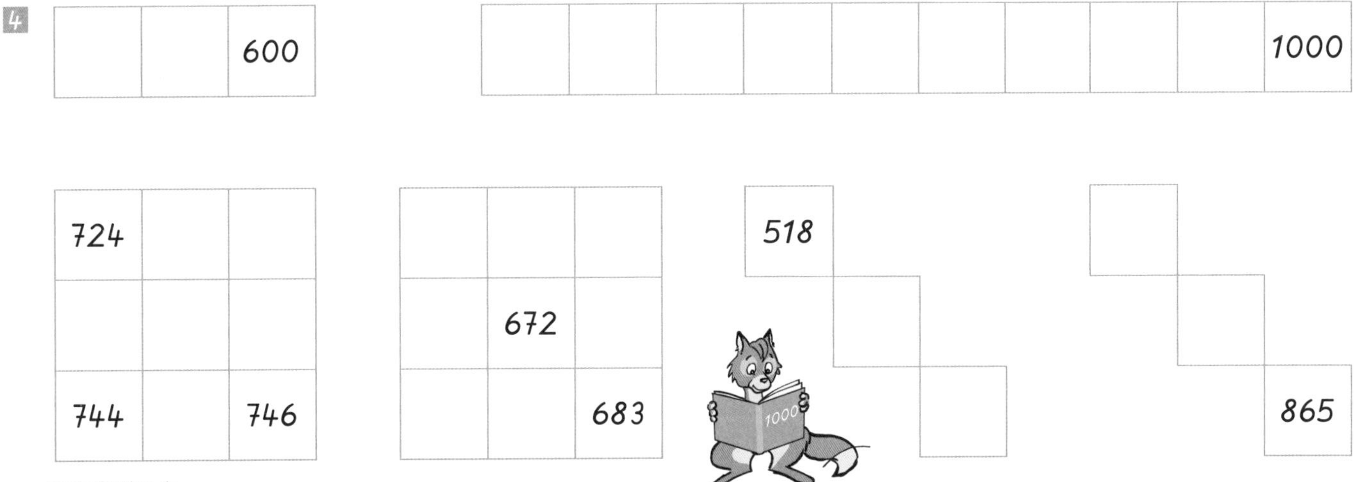

Zahlenhäuser / <, >, =

1

300	>	200	710		730	399		411	123		122	822		282
340	<	350	990		980	601		589	123		123	282		228
352	>	351	980		990	498		510	122		123	228		822
351	=	351	770		770	302		288	122		132	822		822

2

200 + 100		500	400 – 200		100	400		100 + 200	100		600 – 400
300 + 200		300	900 – 300		400	600		200 + 400	200		900 – 500
400 + 300		700	700 – 400		500	800		500 + 500	500		1000 – 600
500 + 200		800	800 – 100		700	900		600 + 200	0		400 – 400

3

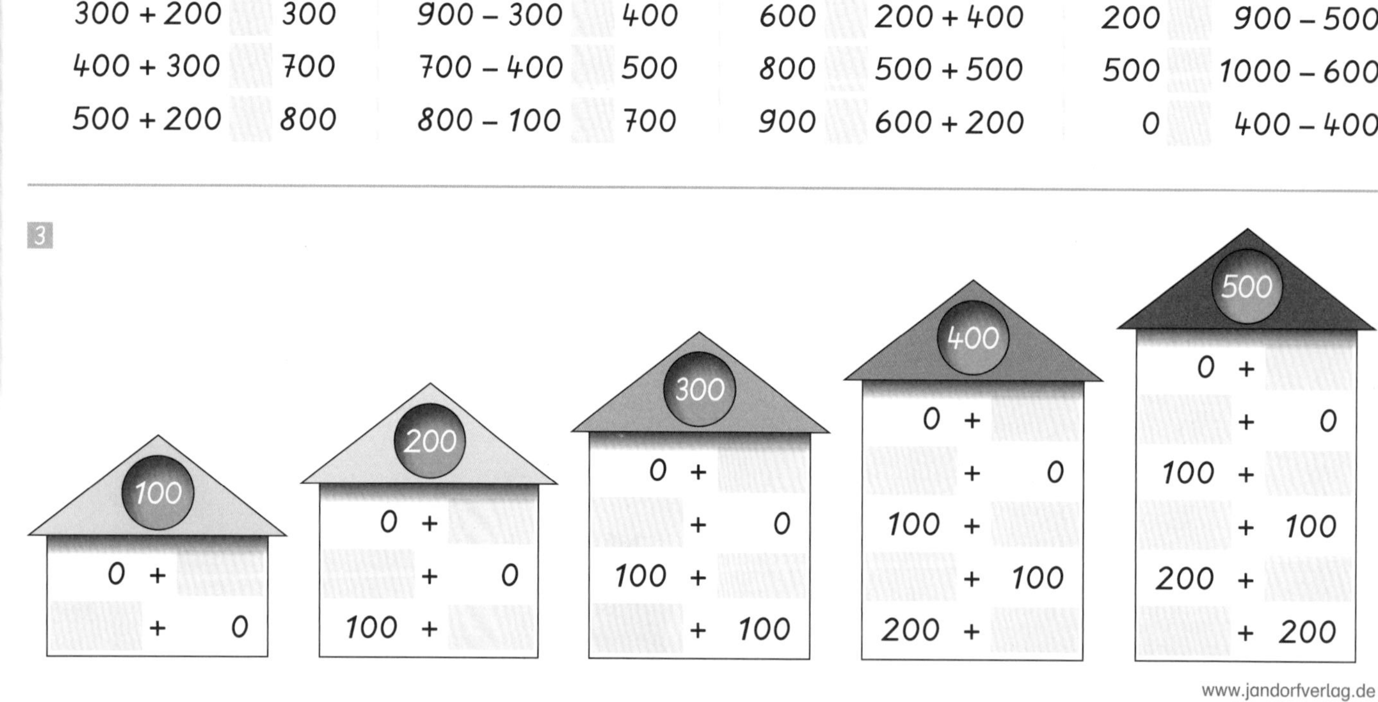

1

200 + 100 < 500 + 500

300 + 400 300 + 200

400 + 500 200 + 500

100 + 700 700 + 100

500 – 300 500 – 200

700 – 400 600 – 400

400 – 100 500 – 200

900 – 900 900 – 800

200 + 200 500 – 200

400 + 200 700 – 100

300 + 400 900 – 100

900 + 100 1000 – 600

2

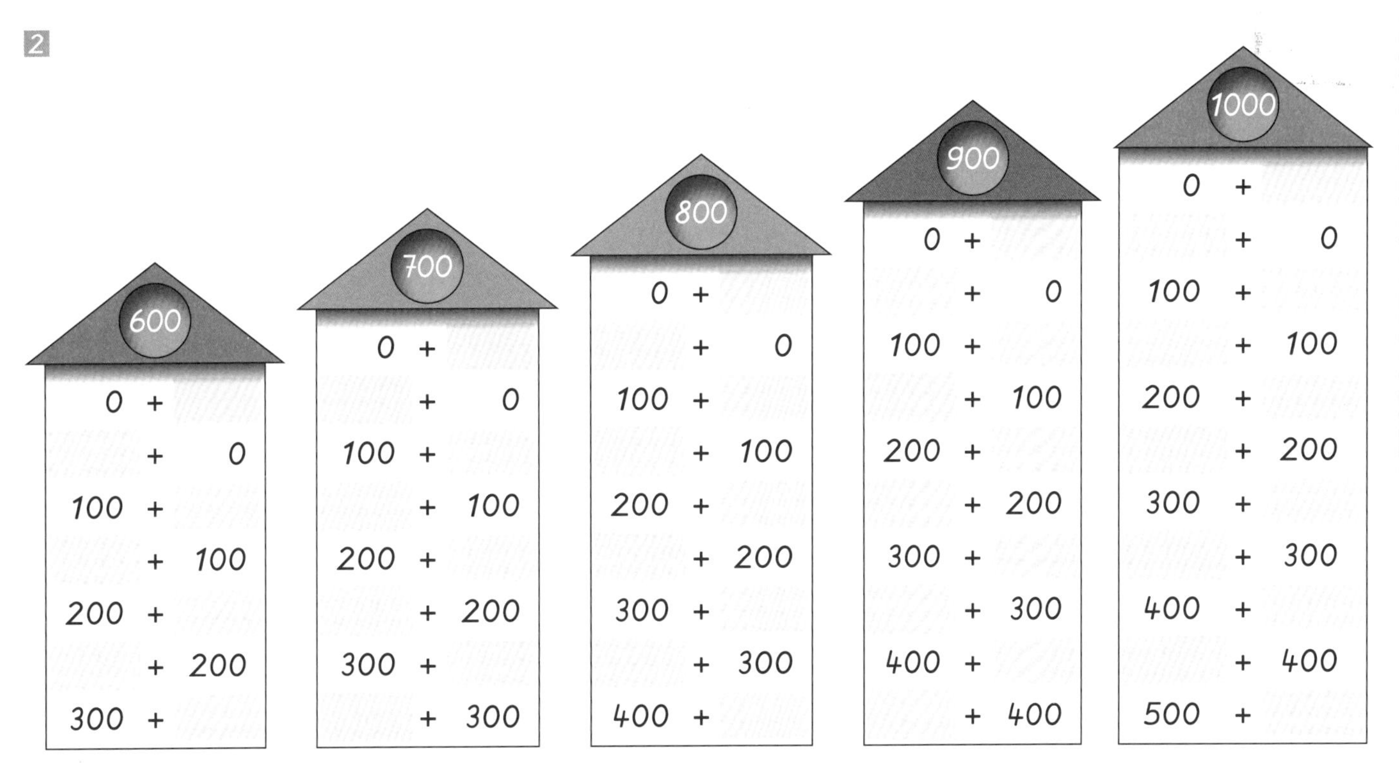

1 Trage die Zahlen ein.

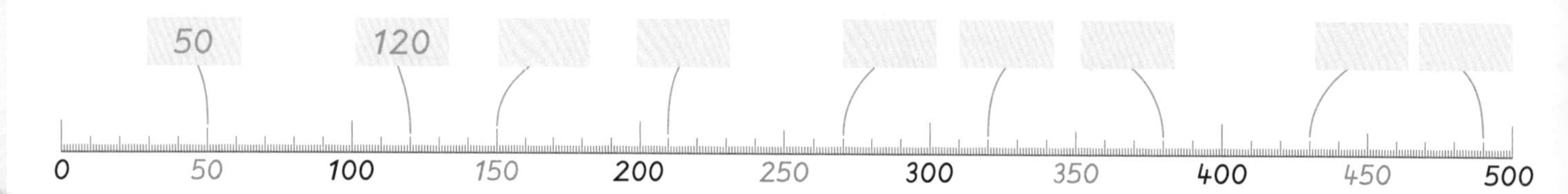

2 Verbinde.

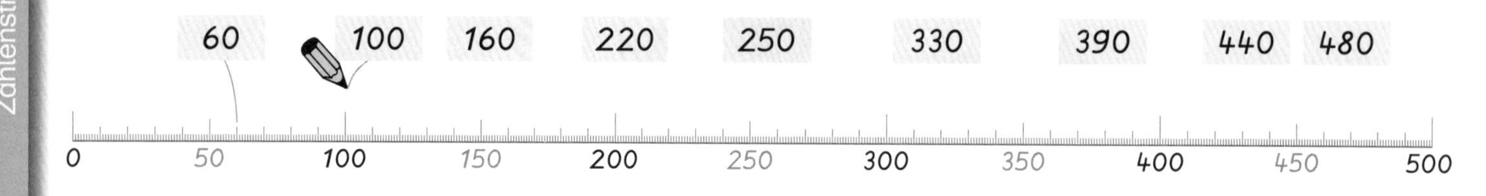

3 Trage Nachbarzehner und Nachbarhunderter ein.

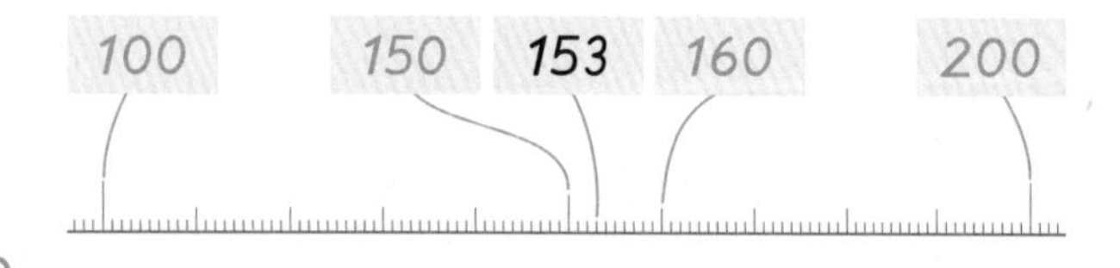

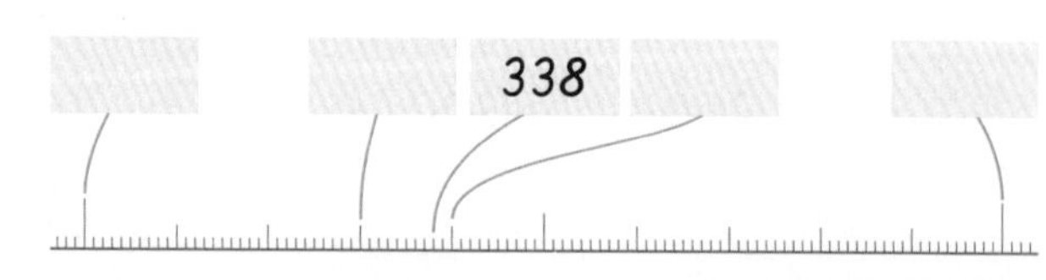

Zahlenstrahl

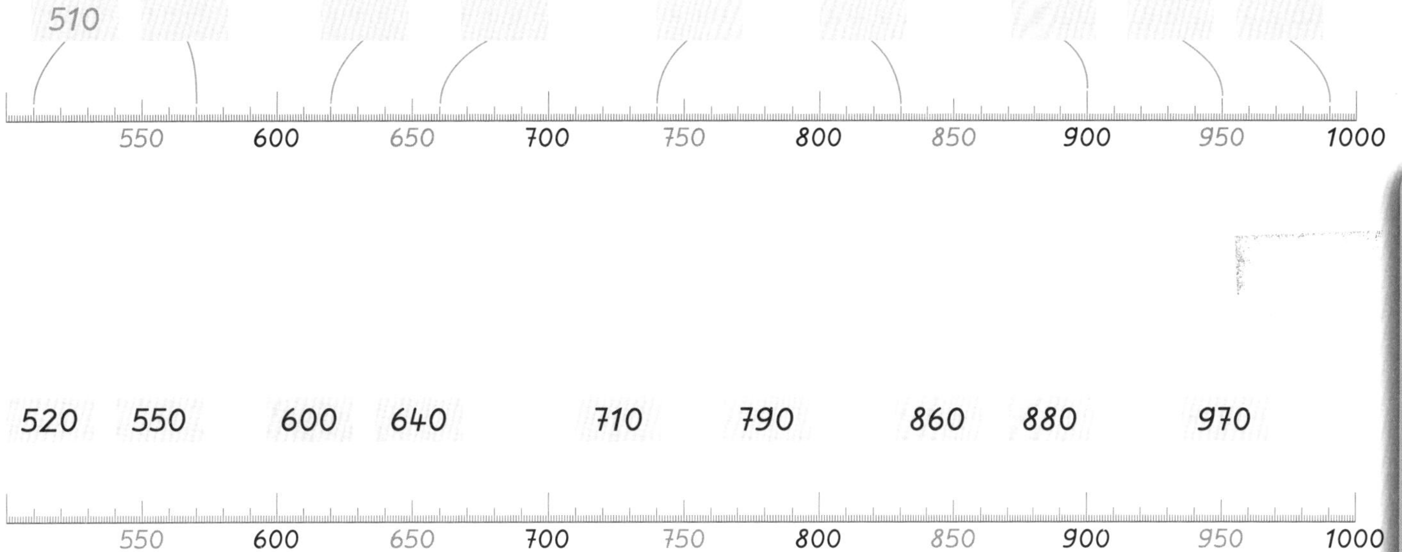
510
550
600
650
700
750
800
850
900
950
1000
520
550
600
640
710
790
860
880
970
550
600
650
700
750
800
850
900
950
1000

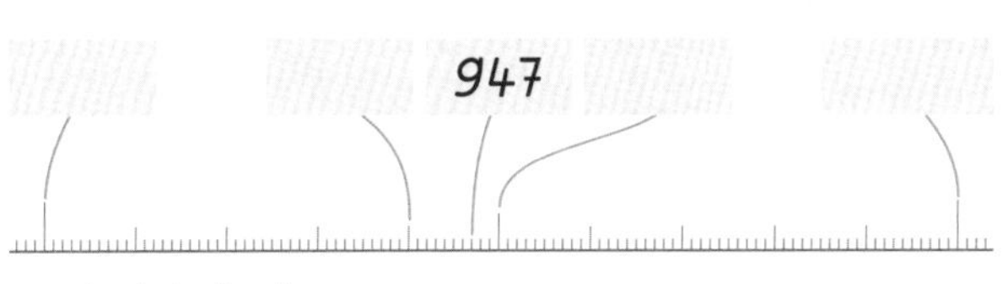
947

562

1 Trage Nachbarzehner und Nachbarhunderter ein.

300	320	328	330	400
		214		
		587		
		436		
		853		
		171		

		645		
		319		
		822		
		456		
		731		
		568		

2

334 – ___ = 330	856 – ___ = 850	161 – ___ = 160	414 – ___ = 410
330 – ___ = 300	850 – ___ = 800	160 – ___ = 100	410 – ___ = 400
334 + ___ = 340	856 + ___ = 860	161 + ___ = 170	414 + ___ = 420
340 + ___ = 400	860 + ___ = 900	170 + ___ = 200	420 + ___ = 500

582 – ___ = 580	679 – ___ = 670	728 – ___ = 720	233 – ___ = 230
580 – ___ = 500	670 – ___ = 600	720 – ___ = 700	230 – ___ = 200
582 + ___ = 590	679 + ___ = 680	728 + ___ = 730	233 + ___ = 240
590 + ___ = 600	680 + ___ = 700	730 + ___ = 800	240 + ___ = 300

1 Trage Nachbarzehner und Nachbarhunderter ein.

200	280	283	290	300			527		
		625					142		
		373					861		
		417					758		
		851					934		
		762					966		

2

836 – ___ = 830	757 – ___ = 750	943 – ___ = 940	928 – ___ = 920
830 – ___ = 800	750 – ___ = 700	940 – ___ = 900	920 – ___ = 900
836 + ___ = 840	757 + ___ = 760	943 + ___ = 950	928 + ___ = 930
840 + ___ = 900	760 + ___ = 800	950 + ___ = 1000	930 + ___ = 1000
572 – ___ = 570	689 – ___ = 680	915 – ___ = 910	961 – ___ = 960
570 – ___ = 500	680 – ___ = 600	910 – ___ = 900	960 – ___ = 900
572 + ___ = 580	689 + ___ = 690	915 + ___ = 920	961 + ___ = 970
580 + ___ = 600	690 + ___ = 700	920 + ___ = 1000	970 + ___ = 1000

Welche Zahlen könnten es sein? Trage ein.

50 130

0 100 200 300 400 500 600 700 800 900 1000

0 200 400 600 800 1000

0 500 1000

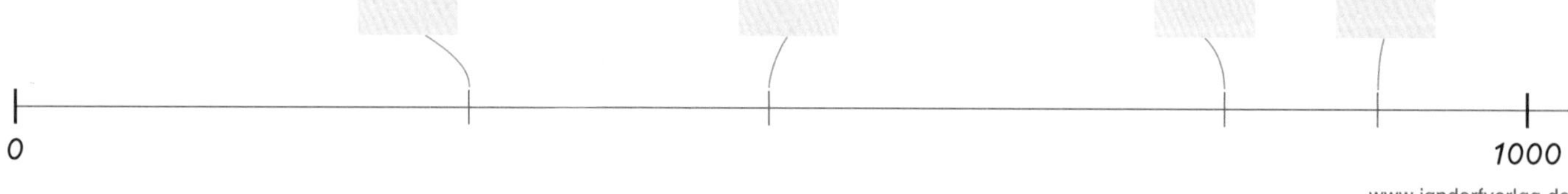

Kreuze an.

579 hat 5 Hunderter, 7 Zehner und 9 Einer.	ja	nein
802 hat 8 Hunderter, 0 Zehner und 2 Einer.	ja	nein
264 hat mehr Hunderter als 263.	ja	nein
400 kommt nach 399.	ja	nein
330 liegt zwischen 320 und 340.	ja	nein
Die Nachbarzehner von 333 sind 330 und 340.	ja	nein
Die Nachbarhunderter von 333 sind 100 und 500.	ja	nein
433 ist größer als 343.	ja	nein
443 ist kleiner als 434.	ja	nein
343 ist gleich 334.	ja	nein

1

100 + 100 =	200 + 200 =
120 + 100 =	210 + 200 =
124 + 100 =	212 + 200 =
200 + 100 =	200 + 300 =
250 + 100 =	240 + 300 =
253 + 100 =	241 + 300 =
100 + 400 =	200 + 400 =
130 + 400 =	270 + 400 =
137 + 400 =	275 + 400 =
500 + 200 =	400 + 500 =
590 + 200 =	430 + 500 =
598 + 200 =	436 + 500 =
300 + 300 =	500 + 300 =
360 + 300 =	580 + 300 =
365 + 300 =	589 + 300 =

2

15 + 10 =	24 + 10 =
115 + 10 =	124 + 10 =
215 + 10 =	524 + 10 =
32 + 20 =	23 + 50 =
132 + 20 =	123 + 50 =
332 + 20 =	423 + 50 =
35 + 10 =	47 + 20 =
135 + 10 =	147 + 20 =
435 + 10 =	647 + 20 =
61 + 30 =	29 + 50 =
161 + 30 =	129 + 50 =
961 + 30 =	829 + 50 =
46 + 40 =	28 + 60 =
146 + 40 =	128 + 60 =
746 + 40 =	928 + 60 =

26 | 126 | 226 | | | | | 726 | |

1

14 + 3 =
114 + 3 =
214 + 3 =

32 + 2 =
132 + 2 =
332 + 2 =

54 + 1 =
154 + 1 =
454 + 1 =

63 + 5 =
163 + 5 =
863 + 5 =

81 + 4 =
181 + 4 =
681 + 4 =

21 + 1 =
121 + 1 =
221 + 1 =

45 + 2 =
145 + 2 =
645 + 2 =

91 + 5 =
191 + 5 =
591 + 5 =

72 + 6 =
172 + 6 =
972 + 6 =

62 + 7 =
162 + 7 =
762 + 7 =

2

+	300
200	
270	
275	
375	

+	400
300	
320	
328	
428	

+	700
100	
150	
152	
252	

3

+	20
23	
123	
223	
323	

+	50
37	
137	
337	
537	

+	80
16	
116	
416	
716	

4

+	3
14	
114	
214	
414	

+	6
32	
132	
332	
632	

+	8
61	
161	
461	
861	

5

934 834 734 334

1

300 – 200 =	400 – 200 =
350 – 200 =	410 – 200 =
354 – 200 =	415 – 200 =
600 – 300 =	500 – 100 =
640 – 300 =	570 – 100 =
642 – 300 =	573 – 100 =
700 – 500 =	800 – 300 =
760 – 500 =	820 – 300 =
768 – 500 =	826 – 300 =
800 – 100 =	700 – 400 =
890 – 100 =	750 – 400 =
893 – 100 =	751 – 400 =
900 – 800 =	900 – 300 =
930 – 800 =	980 – 300 =
937 – 800 =	989 – 300 =

2

25 – 10 =	41 – 20 =
125 – 10 =	141 – 20 =
225 – 10 =	341 – 20 =
53 – 30 =	78 – 30 =
153 – 30 =	178 – 30 =
453 – 30 =	578 – 30 =
86 – 50 =	92 – 20 =
186 – 50 =	192 – 20 =
686 – 50 =	792 – 20 =
94 – 90 =	73 – 10 =
194 – 90 =	173 – 10 =
894 – 90 =	673 – 10 =
87 – 40 =	99 – 60 =
187 – 40 =	199 – 60 =
587 – 40 =	999 – 60 =

308 | 318 | 328 | | | | 368 | | |

1

14 – 1 =
114 – 1 =
314 – 1 =

56 – 4 =
156 – 4 =
456 – 4 =

29 – 3 =
129 – 3 =
729 – 3 =

87 – 2 =
187 – 2 =
687 – 2 =

79 – 8 =
179 – 8 =
979 – 8 =

37 – 3 =
137 – 3 =
237 – 3 =

76 – 1 =
176 – 1 =
576 – 1 =

48 – 7 =
148 – 7 =
448 – 7 =

89 – 6 =
189 – 6 =
389 – 6 =

58 – 5 =
158 – 5 =
858 – 5 =

2

–	100
300	
310	
314	
414	

–	200
800	
840	
849	
949	

–	300
700	
730	
735	
835	

3

–	10
28	
128	
228	
328	

–	30
67	
167	
367	
567	

–	70
96	
196	
496	
796	

4

–	4
75	
175	
275	
475	

–	6
89	
189	
389	
689	

–	5
57	
157	
457	
857	

5

597 | 587 | 577 | | | | | 527 | |

Rechne in Schritten.

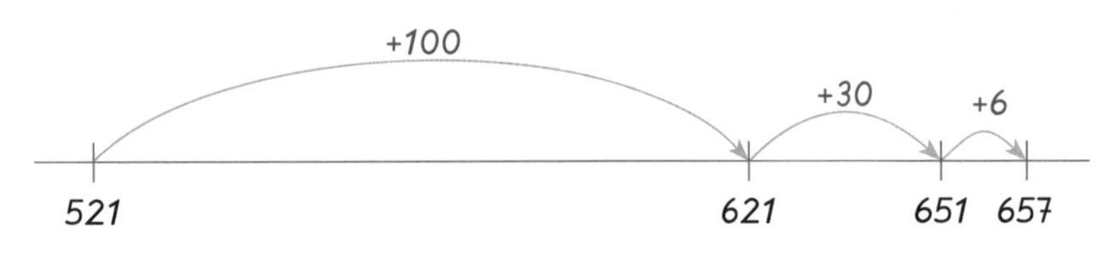

	521 + 136 =	657
erst	521 + 100 =	621
dann	621 + 30 =	651
danach	651 + 6 =	657

1

253 + 114 =	
253 + 100 =	353
353 + 10 =	363
363 + 4 =	367

122 + 121 =	
122 + 100 =	222
222 + 20 =	242
242 + 1 =	

347 + 131 =	
347 + 100 =	447
447 + 30 =	
477 + 1 =	

2

342	+	243	=	
342	+	200	=	
	+	40	=	
	+	3	=	

354	+	325	=	
354	+		=	
	+		=	
	+		=	

216	+	212	=	
216	+	200	=	
	+	10	=	
	+		=	

765	+	231	=	
	+		=	
	+		=	
	+		=	

412	+	342	=	
412	+	300	=	
	+		=	
	+		=	

621	+	236	=	
	+		=	
	+		=	
	+		=	

1

265 + 221 =

\+ =
\+ =
\+ =

431 + 214 =

\+ =
\+ =
\+ =

423 + 411 =

\+ =
\+ =
\+ =

524 + 374 =

\+ =
\+ =
\+ =

2

246 + 133 =

\+ =
\+ =
\+ =

822 + 154 =

\+ =
\+ =
\+ =

353 + 211 =

\+ =
\+ =
\+ =

632 + 353 =

\+ =
\+ =
\+ =

3

126 + 72 =

\+ =
\+ =

711 + 150 =

\+ =
\+ =

349 + 210 =

\+ =
\+ =

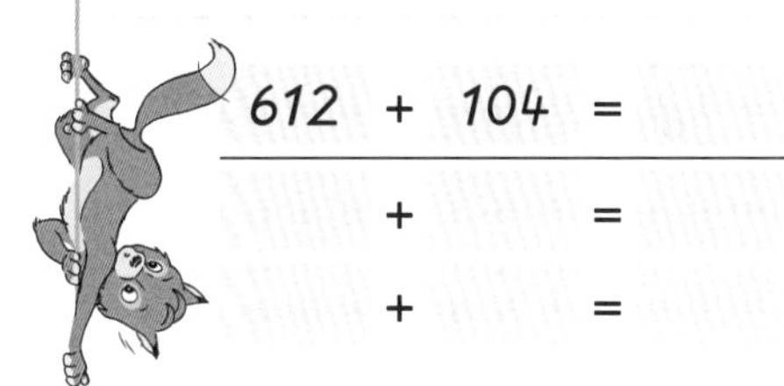

612 + 104 =

\+ =
\+ =

483 + 304 =

\+ =
\+ =

Rechne in Schritten.

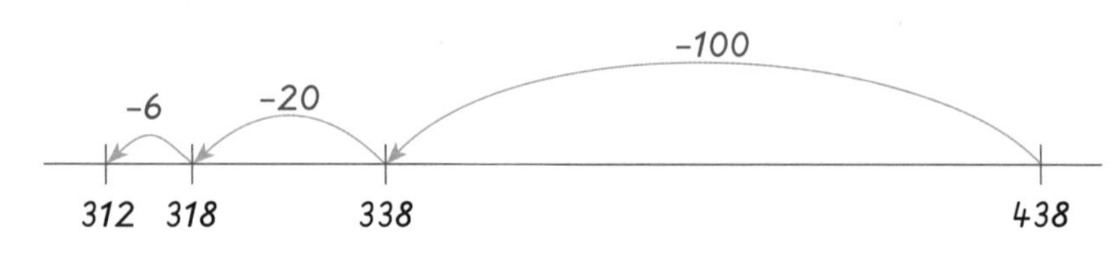

$438 - 126 = 312$

erst $438 - 100 = 338$

dann $338 - 20 = 318$

danach $318 - 6 = 312$

1

$465 - 312 =$ ___

$465 - 300 = 165$

$165 - 10 = 155$

$155 - 2 = 153$

$683 - 212 =$ ___

$683 - 200 = 483$

$483 - 10 = 473$

$473 - 2 =$ ___

$849 - 624 =$ ___

$849 - 600 = 249$

$249 - 20 =$ ___

$229 - 4 =$ ___

2

$726 - 413 =$ ___

$726 - 400 =$ ___

___ $- 10 =$ ___

___ $- 3 =$ ___

$876 - 142 =$ ___

$876 -$ ___ $=$ ___

___ $-$ ___ $=$ ___

___ $-$ ___ $=$ ___

$873 - 252 =$ ___

$873 - 200 =$ ___

___ $- 50 =$ ___

___ $-$ ___ $=$ ___

$564 - 212 =$ ___

___ $-$ ___ $=$ ___

___ $-$ ___ $=$ ___

___ $-$ ___ $=$ ___

$989 - 463 =$ ___

$989 - 400 =$ ___

___ $-$ ___ $=$ ___

___ $-$ ___ $=$ ___

$958 - 141 =$ ___

___ $-$ ___ $=$ ___

___ $-$ ___ $=$ ___

___ $-$ ___ $=$ ___

1

343 − 212 =

− =

− =

− =

758 − 324 =

− =

− =

− =

485 − 123 =

− =

− =

− =

876 − 436 =

− =

− =

− =

2

476 − 251 =

− =

− =

− =

867 − 245 =

− =

− =

− =

987 − 531 =

− =

− =

− =

589 − 276 =

− =

− =

− =

3

934 − 23 =

− =

− =

847 − 120 =

− =

− =

679 − 460 =

− =

− =

785 − 202 =

− =

− =

968 − 107 =

− =

− =

1

118 + 1 =
118 + 2 =
118 + 3 =

436 + 3 =
436 + 4 =
436 + 5 =

224 + 5 =
224 + 6 =
224 + 7 =

765 + 4 =
765 + 5 =
765 + 6 =

592 + 7 =
592 + 8 =
592 + 9 =

347 + 2 =
347 + 3 =
347 + 4 =

2

+	3	4	5
676			

+	6	7	8
853			

+	4	5	6
535			

3

80 + 10 =
80 + 20 =
80 + 30 =

370 + 20 =
370 + 30 =
370 + 40 =

440 + 50 =
440 + 60 =
440 + 70 =

250 + 40 =
250 + 50 =
250 + 60 =

630 + 60 =
630 + 70 =
630 + 80 =

560 + 30 =
560 + 40 =
560 + 50 =

4

+	30	40	50
160			

+	70	80	90
720			

+	50	60	70
840			

1

27 + 5 =	38 + 3 =	65 + 8 =	19 + 2 =	46 + 6 =
127 + 5 =	138 + 3 =	165 + 8 =	119 + 2 =	146 + 6 =
227 + 5 =	438 + 3 =	865 + 8 =	319 + 2 =	746 + 6 =
58 + 4 =	78 + 6 =	89 + 6 =	95 + 7 =	99 + 9 =
158 + 4 =	178 + 6 =	189 + 6 =	195 + 7 =	199 + 9 =
358 + 4 =	578 + 6 =	989 + 6 =	795 + 7 =	599 + 9 =

2

90 + 20 =	80 + 40 =	50 + 60 =	90 + 50 =
94 + 20 =	83 + 40 =	56 + 60 =	92 + 50 =
194 + 20 =	383 + 40 =	256 + 60 =	592 + 50 =
70 + 80 =	60 + 70 =	90 + 30 =	80 + 80 =
79 + 80 =	61 + 70 =	95 + 30 =	87 + 80 =
679 + 80 =	461 + 70 =	795 + 30 =	887 + 80 =

3

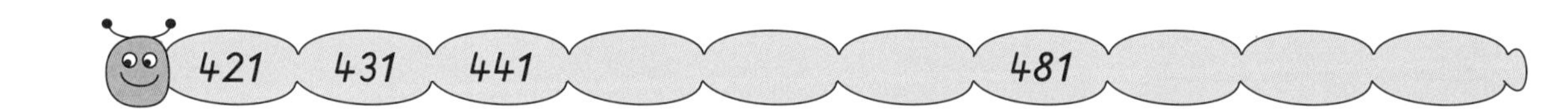

1

212 – 1 =
212 – 2 =
212 – 3 =

645 – 4 =
645 – 5 =
645 – 6 =

173 – 2 =
173 – 3 =
173 – 4 =

597 – 6 =
597 – 7 =
597 – 8 =

908 – 7 =
908 – 8 =
908 – 9 =

764 – 3 =
764 – 4 =
764 – 5 =

2

–	1	2	3
322			

–	5	6	7
956			

–	7	8	9
438			

3

120 – 10 =
120 – 20 =
120 – 30 =

740 – 30 =
740 – 40 =
740 – 50 =

330 – 20 =
330 – 30 =
330 – 40 =

850 – 40 =
850 – 50 =
850 – 60 =

260 – 50 =
260 – 60 =
260 – 70 =

470 – 60 =
470 – 70 =
470 – 80 =

4

–	20	30	40
630			

–	70	80	90
580			

–	40	50	60
950			

5

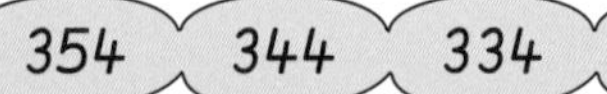

1

12 – 3 =	23 – 6 =	51 – 5 =	95 – 7 =	34 – 8 =
112 – 3 =	123 – 6 =	151 – 5 =	195 – 7 =	134 – 8 =
212 – 3 =	323 – 6 =	951 – 5 =	695 – 7 =	734 – 8 =

41 – 2 =	61 – 7 =	72 – 4 =	23 – 8 =	82 – 9 =
141 – 2 =	161 – 7 =	172 – 4 =	123 – 8 =	182 – 9 =
541 – 2 =	461 – 7 =	672 – 4 =	823 – 8 =	382 – 9 =

2

120 – 30 =	110 – 20 =	140 – 80 =	120 – 50 =
125 – 30 =	114 – 20 =	146 – 80 =	128 – 50 =
225 – 30 =	414 – 20 =	846 – 80 =	528 – 50 =

140 – 60 =	140 – 90 =	120 – 40 =	110 – 70 =
143 – 60 =	141 – 90 =	127 – 40 =	112 – 70 =
343 – 60 =	741 – 90 =	927 – 40 =	612 – 70 =

765 | 755 | 745 | | | | | | | 675

1

346	+	243	=	
346	+	200	=	546
546	+	40	=	
	+	3	=	
151	+	123	=	
	+	100	=	
	+	20	=	
	+		=	
263	+	221	=	
	+	200	=	
	+		=	
	+		=	
383	+	312	=	
	+		=	
	+		=	
	+		=	

2

215	+	138	=	
	+		=	
	+		=	
	+		=	
487	+	451	=	
	+		=	
	+		=	
	+		=	
538	+	344	=	
	+		=	
	+		=	
	+		=	
761	+	166	=	
	+		=	
	+		=	
	+		=	

3

416	+	125	=	
	+		=	
	+		=	
	+		=	
642	+	274	=	
	+		=	
	+		=	
	+		=	
489	+	286	=	
	+		=	
	+		=	
	+		=	
589	+	379	=	
	+		=	
	+		=	
	+		=	

1

679 – 521 =

679 – 500 = 179
179 – 20 =
– 1 =

545 – 224 =

– 200 =
– 20 =
– =

948 – 132 =

– 100 =
– =
– =

985 – 342 =

– =
– =
– =

2

594 – 218 =

– =
– =
– =

238 – 166 =

– =
– =
– =

365 – 138 =

– =
– =
– =

847 – 253 =

– =
– =
– =

3

982 – 549 =

– =
– =
– =

738 – 145 =

– =
– =
– =

943 – 584 =

– =
– =
– =

612 – 387 =

– =
– =
– =

Rechnung	Verkürzte Schreibweise
312 + 147 = 459	312 + 147 = 459
312 + 100 = 412	412 452
412 + 40 = 452	
452 + 7 = 459	

1

142 + 121 = ___
242 262

325 + 232 = ___
525 ___

243 + 131 = ___
343 ___

412 + 227 = ___

271 + 223 = ___

261 + 123 = ___

322 + 313 = ___

513 + 113 = ___

612 + 126 = ___

423 + 325 = ___

2

725 + 142 = ___

345 + 236 = ___

468 + 214 = ___

574 + 312 = ___

354 + 131 = ___

261 + 256 = ___

573 + 373 = ___

512 + 137 = ___

432 + 365 = ___

558 + 429 = ___

Rechnung	Verkürzte Schreibweise
658 – 137 = 521	658 – 137 = 521
658 – 100 = 558	558 528
558 – 30 = 528	
528 – 7 = 521	

1

427 – 315 =
127 117

479 – 132 =
379

686 – 365 =
386

789 – 254 =

387 – 123 =

487 – 136 =

876 – 463 =

596 – 124 =

987 – 361 =

898 – 331 =

2

669 – 245 =

954 – 128 =

873 – 128 =

856 – 743 =

752 – 521 =

438 – 176 =

945 – 862 =

786 – 432 =

889 – 313 =

984 – 649 =

1

·	5	50
0		
1		
2		
3		
4		
5		
6		
7		
8		
9		
10		

·	2	20
0		
1		
2		
3		
4		
5		
6		
7		
8		
9		
10		

·	4	40
0		
1		
2		
3		
4		
5		
6		
7		
8		
9		
10		

·	8	80
0		
1		
2		
3		
4		
5		
6		
7		
8		
9		
10		

2

Kreuze an.

- ◯ $3 \cdot 4$ und $3 \cdot 40$ sind ähnliche Aufgaben.
- ◯ $3 \cdot 4$ und $7 \cdot 50$ sind ähnliche Aufgaben.
- ◯ $3 \cdot 4$ kann mir bei der Aufgabe $3 \cdot 40$ helfen.

3

$5 \cdot 1 =$ ____
$5 \cdot 10 =$ ____
$5 \cdot 100 =$ ____

$3 \cdot 1 =$ ____
$3 \cdot 10 =$ ____
$3 \cdot 100 =$ ____

$8 \cdot 1 =$ ____
$8 \cdot 10 =$ ____
$8 \cdot 100 =$ ____

$10 \cdot 1 =$ ____
$10 \cdot 10 =$ ____
$10 \cdot 100 =$ ____

1

·	3	30
0		
1		
2		
3		
4		
5		
6		
7		
8		
9		
10		

·	6	60
0		
1		
2		
3		
4		
5		
6		
7		
8		
9		
10		

·	9	90
0		
1		
2		
3		
4		
5		
6		
7		
8		
9		
10		

·	7	70
0		
1		
2		
3		
4		
5		
6		
7		
8		
9		
10		

2

$2 \cdot 2 =$
$2 \cdot 20 =$
$2 \cdot 200 =$

$3 \cdot 3 =$
$3 \cdot 30 =$
$3 \cdot 300 =$

$4 \cdot 2 =$
$4 \cdot 20 =$
$4 \cdot 200 =$

$2 \cdot 5 =$
$2 \cdot 50 =$
$2 \cdot 500 =$

$3 \cdot 2 =$
$3 \cdot 20 =$
$3 \cdot 200 =$

$2 \cdot 4 =$
$2 \cdot 40 =$
$2 \cdot 400 =$

$2 \cdot 3 =$
$2 \cdot 30 =$
$2 \cdot 300 =$

$5 \cdot 2 =$
$5 \cdot 20 =$
$5 \cdot 200 =$

1

2 · 3 =	3 · 6 =	5 · 7 =	10 · 2 =	3 · 10 =
2 · 30 =	3 · 60 =	5 · 70 =	10 · 20 =	3 · 100 =
4 · 4 =	6 · 8 =	7 · 9 =	10 · 7 =	9 · 10 =
4 · 40 =	6 · 80 =	7 · 90 =	10 · 70 =	9 · 100 =
3 · 2 =	9 · 5 =	0 · 8 =	10 · 6 =	10 · 10 =
3 · 20 =	9 · 50 =	0 · 80 =	10 · 60 =	10 · 100 =

2

2 · 2 =	3 · 4 =	5 · 9 =	3 · 10 =	10 · 8 =
20 · 2 =	30 · 4 =	50 · 9 =	30 · 10 =	100 · 8 =
4 · 5 =	7 · 6 =	4 · 8 =	8 · 10 =	10 · 5 =
40 · 5 =	70 · 6 =	40 · 8 =	80 · 10 =	100 · 5 =
6 · 3 =	8 · 8 =	6 · 0 =	9 · 10 =	10 · 10 =
60 · 3 =	80 · 8 =	60 · 0 =	90 · 10 =	100 · 10 =

3

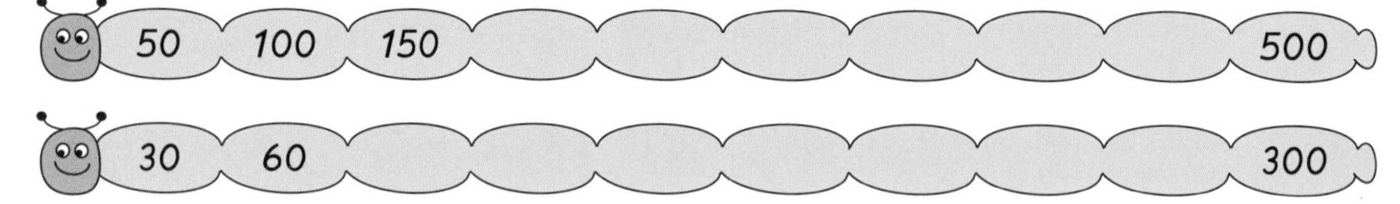

1

$2 \cdot 50 =$
$3 \cdot 50 =$
$4 \cdot 50 =$

$8 \cdot 30 =$
$9 \cdot 30 =$
$10 \cdot 30 =$

$4 \cdot 100 =$
$5 \cdot 100 =$
$6 \cdot 100 =$

$2 \cdot 60 =$
$3 \cdot 60 =$
$4 \cdot 60 =$

$4 \cdot 40 =$
$5 \cdot 40 =$
$6 \cdot 40 =$

$5 \cdot 70 =$
$6 \cdot 70 =$
$7 \cdot 70 =$

$4 \cdot 80 =$
$5 \cdot 80 =$
$6 \cdot 80 =$

$8 \cdot 100 =$
$9 \cdot 100 =$
$10 \cdot 100 =$

2

$2 \cdot 60 =$
$4 \cdot 60 =$

$4 \cdot 100 =$
$8 \cdot 100 =$

$3 \cdot 40 =$
$6 \cdot 40 =$

$5 \cdot 80 =$
$10 \cdot 80 =$

$3 \cdot 70 =$
$6 \cdot 70 =$

$4 \cdot 50 =$
$8 \cdot 50 =$

3

$6 \cdot 100 =$
$3 \cdot 100 =$

$8 \cdot 30 =$
$4 \cdot 30 =$

$6 \cdot 50 =$
$3 \cdot 50 =$

$8 \cdot 60 =$
$4 \cdot 60 =$

$4 \cdot 80 =$
$2 \cdot 80 =$

$10 \cdot 70 =$
$5 \cdot 70 =$

4

70 | 140 | | | | | | | | 700

80 | 160 | | | | | | | | 800

Halbschriftlich multiplizieren

$3 \cdot 12$

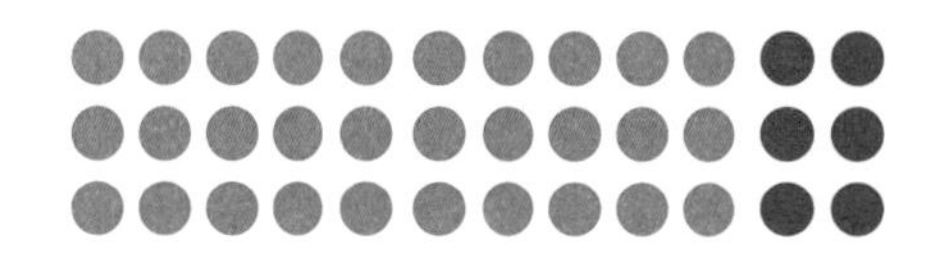

$3 \cdot 10$ $3 \cdot 2$

$3 \cdot 12 = 36$
$3 \cdot 10 = 30$
$3 \cdot 2 = 6$

1

$3 \cdot 13 =$
$3 \cdot 10 = 30$
$3 \cdot 3 = 9$

$2 \cdot 16 =$
$2 \cdot 10 =$
$2 \cdot 6 =$

$4 \cdot 12 =$
$4 \cdot 10 = 40$
$4 \cdot 2 = 8$

$5 \cdot 14 =$
$5 \cdot 10 =$
$5 \cdot 4 =$

$6 \cdot 13 =$
$6 \cdot 10 = 60$
$6 \cdot 3 =$

$4 \cdot 18 =$
$4 \cdot 10 =$
$4 \cdot 8 =$

2

$6 \cdot 16 =$
$6 \cdot 10 =$
$6 \cdot 6 =$

$6 \cdot 15 =$
$6 \cdot 10 =$
$6 \cdot 5 =$

$4 \cdot 17 =$
$4 \cdot 10 =$
$4 \cdot 7 =$

$8 \cdot 12 =$
$8 \cdot 10 =$
$8 \cdot 2 =$

$5 \cdot 18 =$
$5 \cdot 10 =$
$5 \cdot 8 =$

$7 \cdot 14 =$
$7 \cdot 10 =$
$7 \cdot 4 =$

1

2 · 26 =

2 · 20 =
2 · 6 =

3 · 28 =

3 · 20 =
3 · =

2 · 34 =

2 · 30 =
· =

4 · 21 =

4 · =
· =

3 · 32 =

· =
· =

2

4 · 24 =

· =
· =

5 · 35 =

· =
· =

7 · 23 =

· =
· =

6 · 43 =

· =
· =

4 · 65 =

· =
· =

3

5 · 82 =

· =
· =

8 · 36 =

· =
· =

7 · 64 =

· =
· =

4 · 83 =

· =
· =

6 · 72 =

· =
· =

4

3 · 87 =

· =
· =

5 · 68 =

· =
· =

8 · 57 =

· =
· =

7 · 82 =

· =
· =

8 · 85 =

· =
· =

1

5 · 15 =

5 · 10 =

5 · 5 =

8 · 12 =

8 · 10 =

7 · 13 =

4 · 28 =

3 · 67 =

2

6 · 35 =

7 · 15 =

3 · 37 =

6 · 82 =

8 · 78 =

3

7 · 14 =

3 · 38 =

8 · 14 =

6 · 85 =

7 · 45 =

4

5 · 52 =

4 · 74 =

6 · 37 =

8 · 18 =

7 · 71 =

1

2 · 352 =

2 · 300 =
2 · 50 =
2 · 2 =

3 · 213 =

3 · 200 =
3 · 10 =
· =

6 · 156 =

6 · 100 =
· =
· =

7 · 112 =

· =
· =
· =

8 · 111 =

· =
· =
· =

2 · 234 =

· =
· =
· =

5 · 186 =

· =
· =
· =

4 · 132 =

· =
· =
· =

3

4 · 212 =

· =
· =
· =

2 · 423 =

· =
· =
· =

3 · 179 =

· =
· =
· =

3 · 312 =

· =
· =
· =

1

$19 \cdot 2 =$	$39 \cdot 2 =$	$29 \cdot 4 =$	$89 \cdot 2 =$	$99 \cdot 2 =$
$20 \cdot 2 =$	$40 \cdot 2 =$	$30 \cdot 4 =$	$90 \cdot 2 =$	$100 \cdot 2 =$
$29 \cdot 3 =$	$39 \cdot 4 =$	$19 \cdot 8 =$	$69 \cdot 3 =$	$89 \cdot 6 =$
$30 \cdot 3 =$	$40 \cdot 4 =$	$20 \cdot 8 =$	$70 \cdot 3 =$	$90 \cdot 6 =$
$19 \cdot 4 =$	$29 \cdot 5 =$	$59 \cdot 5 =$	$49 \cdot 7 =$	$99 \cdot 4 =$
$20 \cdot 4 =$	$30 \cdot 5 =$	$60 \cdot 5 =$	$50 \cdot 7 =$	$100 \cdot 4 =$

2

Kreuze an.

- ○ $19 \cdot 3$ hat das Ergebnis 57.
- ○ $19 \cdot 3$ hat das gleiche Ergebnis wie $20 \cdot 3 - 3$
- ○ $20 \cdot 3$ kann mir bei der Aufgabe $19 \cdot 3$ helfen.

3

$19 \cdot 3 =$	$29 \cdot 6 =$	$79 \cdot 2 =$	$49 \cdot 6 =$	$89 \cdot 8 =$
$20 \cdot 3 =$	$30 \cdot 6 =$	$80 \cdot 2 =$	$50 \cdot 6 =$	$90 \cdot 8 =$
$49 \cdot 4 =$	$39 \cdot 3 =$	$19 \cdot 6 =$	$69 \cdot 7 =$	$99 \cdot 6 =$
$50 \cdot 4 =$	$40 \cdot 3 =$	$20 \cdot 6 =$	$70 \cdot 7 =$	$100 \cdot 6 =$
$19 \cdot 5 =$	$49 \cdot 5 =$	$59 \cdot 8 =$	$79 \cdot 9 =$	$99 \cdot 9 =$
$20 \cdot 5 =$	$50 \cdot 5 =$	$60 \cdot 8 =$	$80 \cdot 9 =$	$100 \cdot 9 =$

Überschlage und kreuze an.

1

$3 \cdot 67 =$	201	301
$2 \cdot 78 =$	226	156
$5 \cdot 85 =$	515	425
$4 \cdot 55 =$	220	180
$7 \cdot 46 =$	322	402
$5 \cdot 57 =$	285	205
$6 \cdot 54 =$	324	404

2

$4 \cdot 76 =$	404	304
$6 \cdot 48 =$	228	288
$8 \cdot 53 =$	424	384
$3 \cdot 87 =$	261	341
$8 \cdot 42 =$	216	336
$9 \cdot 34 =$	306	456
$7 \cdot 63 =$	541	441

3

$2 \cdot 168 =$	536	336
$3 \cdot 217 =$	651	451
$5 \cdot 118 =$	590	790
$2 \cdot 236 =$	272	472
$4 \cdot 124 =$	696	496
$5 \cdot 133 =$	665	265
$3 \cdot 145 =$	435	135

4

$6 \cdot 126 =$	756	956
$2 \cdot 327 =$	854	654
$3 \cdot 324 =$	972	872
$7 \cdot 142 =$	542	994
$2 \cdot 465 =$	930	665
$4 \cdot 217 =$	868	668
$8 \cdot 123 =$	584	984

1

2	·	40	=	
40	·	2	=	
80	:	2	=	
80	:	40	=	

2

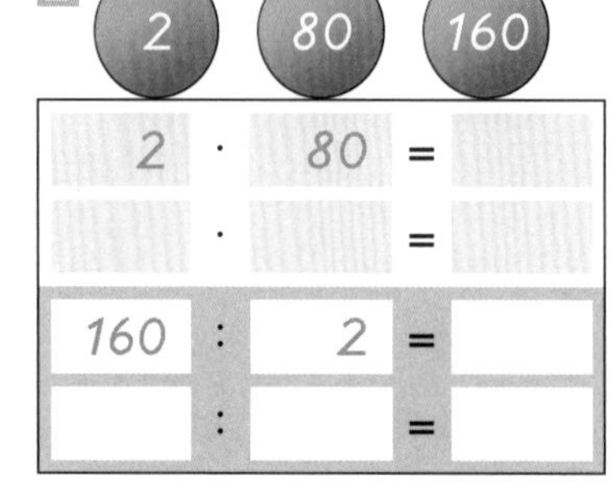

2	·	80	=	
	·		=	
160	:	2	=	
	:		=	

3

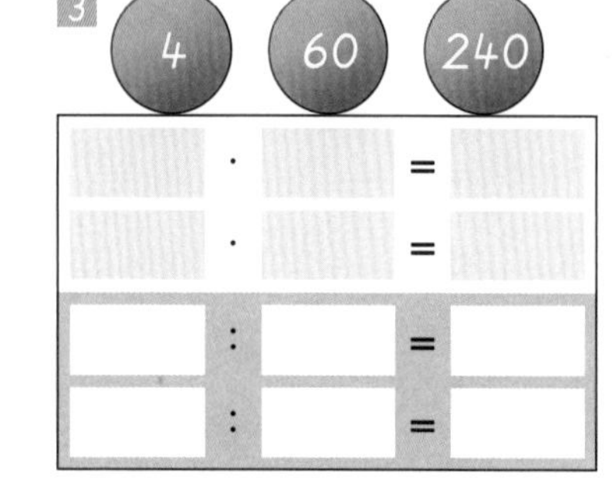

	·		=	
	·		=	
	:		=	
	:		=	

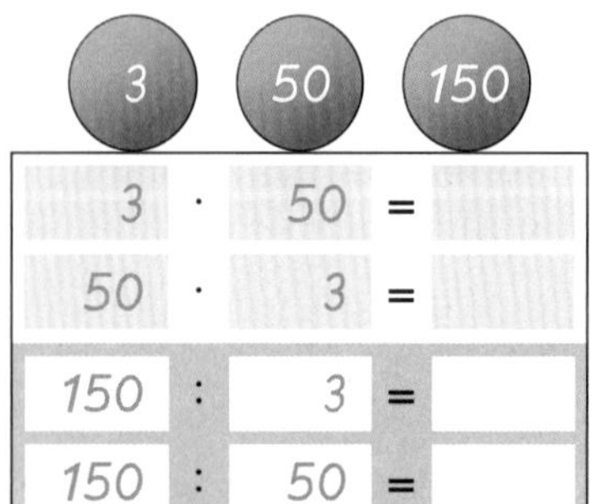

3	·	50	=	
50	·	3	=	
150	:	3	=	
150	:	50	=	

3 40 120

3	·	40	=	
	·		=	
120	:	3	=	
	:		=	

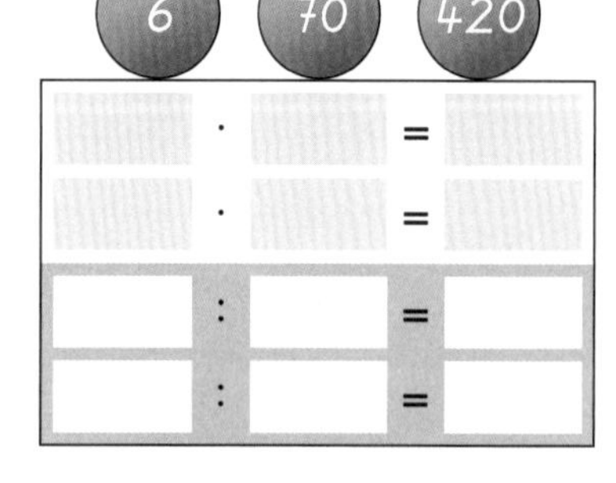

	·		=	
	·		=	
	:		=	
	:		=	

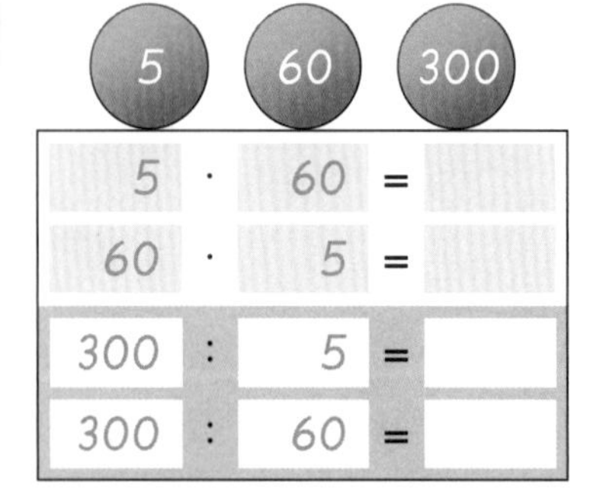

5	·	60	=	
60	·	5	=	
300	:	5	=	
300	:	60	=	

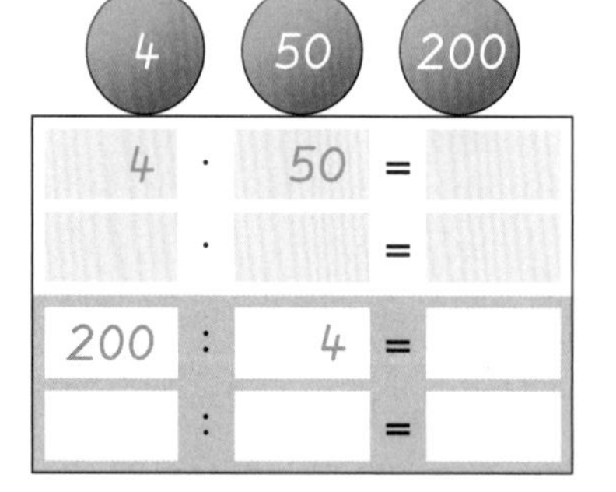

4	·	50	=	
	·		=	
200	:	4	=	
	:		=	

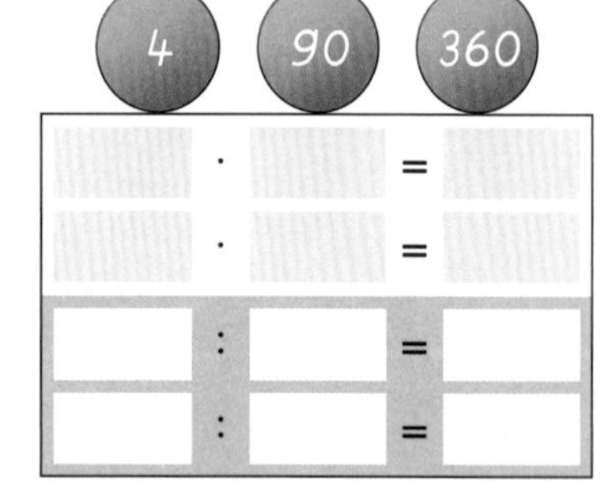

	·		=	
	·		=	
	:		=	
	:		=	

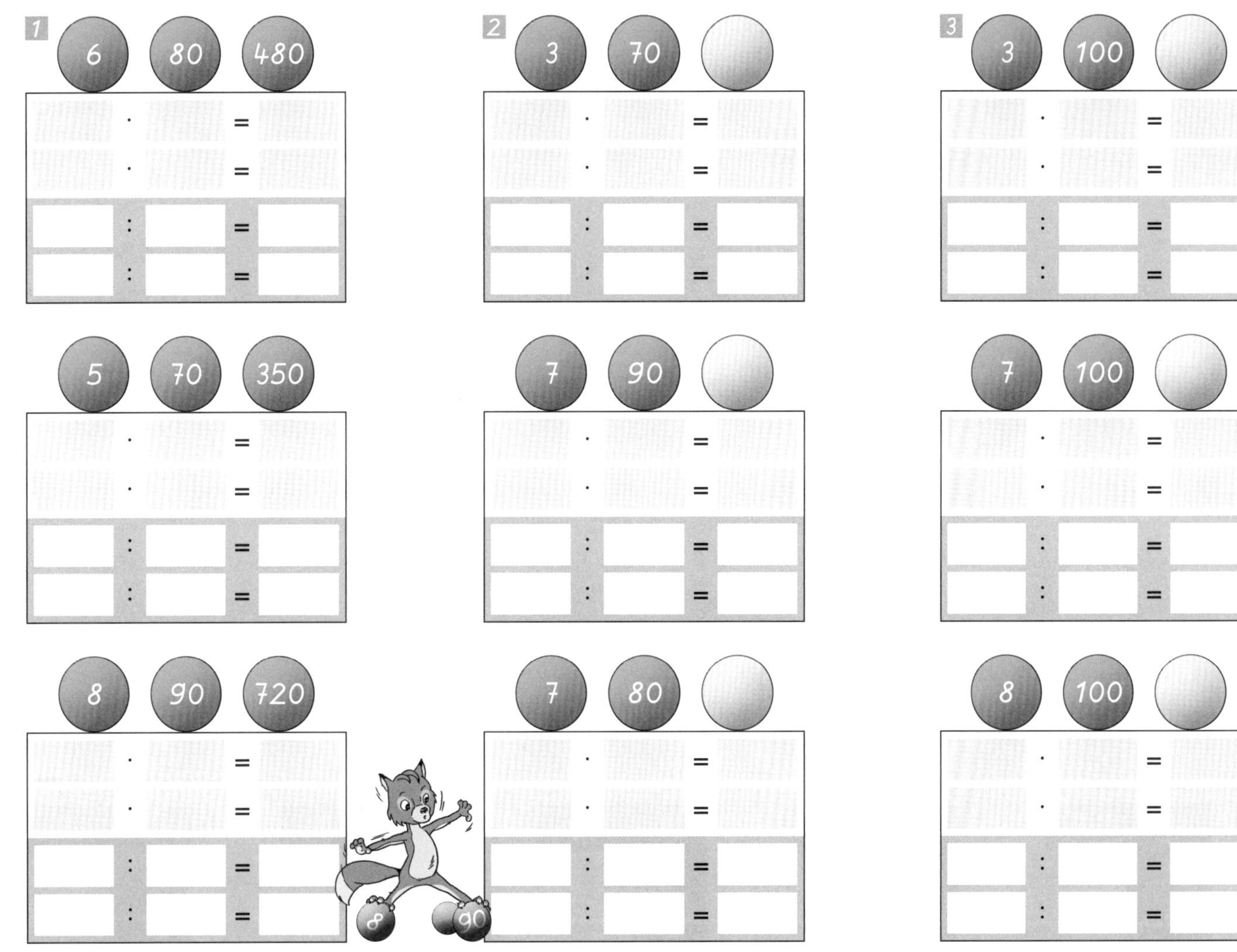

Umkehraufgaben

1

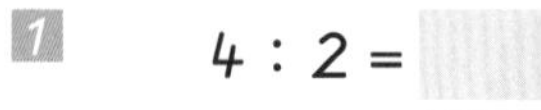

4 : 2 =	9 : 3 =	8 : 4 =	10 : 2 =
40 : 2 =	90 : 3 =	80 : 4 =	100 : 2 =
400 : 2 =	900 : 3 =	800 : 4 =	1000 : 2 =
6 : 2 =	8 : 2 =	6 : 3 =	10 : 5 =
60 : 2 =	80 : 2 =	60 : 3 =	100 : 5 =
600 : 2 =	800 : 2 =	600 : 3 =	1000 : 5 =

2

14 : 2 =	12 : 4 =	24 : 3 =	25 : 5 =	70 : 10 =
140 : 2 =	120 : 4 =	240 : 3 =	250 : 5 =	700 : 10 =
16 : 8 =	24 : 6 =	63 : 7 =	42 : 6 =	90 : 10 =
160 : 8 =	240 : 6 =	630 : 7 =	420 : 6 =	900 : 10 =
15 : 5 =	18 : 9 =	24 : 4 =	54 : 9 =	100 : 10 =
150 : 5 =	180 : 9 =	240 : 4 =	540 : 9 =	1000 : 10 =

3

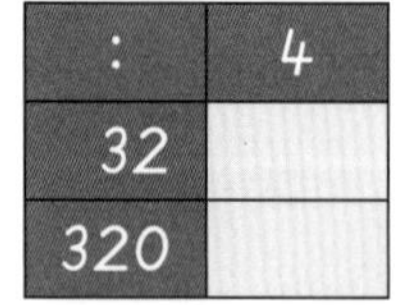

:	4
32	
320	

:	6
36	
360	

:	5
45	
450	

:	9
72	
720	

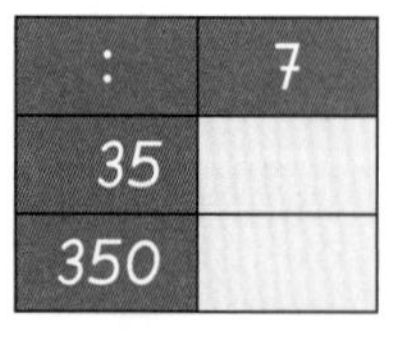

:	7
35	
350	

1

250 : 5 =
300 : 5 =
350 : 5 =

240 : 3 =
270 : 3 =
300 : 3 =

120 : 4 =
160 : 4 =
200 : 4 =

180 : 9 =
270 : 9 =
360 : 9 =

160 : 8 =
240 : 8 =
320 : 8 =

800 : 10 =
900 : 10 =
1000 : 10 =

180 : 6 =
240 : 6 =
300 : 6 =

140 : 7 =
210 : 7 =
280 : 7 =

2

60 : 3 =
120 : 3 =

250 : 5 =
500 : 5 =

180 : 9 =
360 : 9 =

280 : 7 =
560 : 7 =

300 : 10 =
600 : 10 =

180 : 6 =
360 : 6 =

3

160 : 2 =
80 : 2 =

240 : 4 =
120 : 4 =

200 : 5 =
100 : 5 =

600 : 10 =
300 : 10 =

800 : 8 =
400 : 8 =

240 : 6 =
120 : 6 =

4

40

600 540 60

Halbschriftlich dividieren

36 : 3

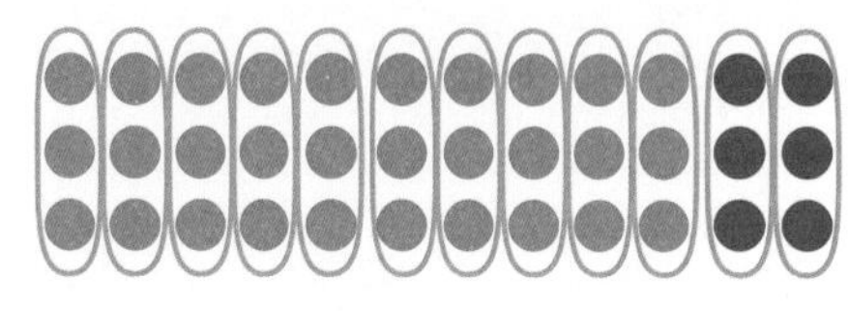

30 : 3   6 : 3

36 : 3 = 12
___
30 : 3 = 10
6 : 3 = 2

1

39 : 3 = ___ 30 : 3 = 10 9 : 3 = 3	28 : 2 = ___ 20 : 2 = ___ 8 : 2 = ___
48 : 4 = ___ 40 : 4 = 10 8 : 4 = 2	88 : 8 = ___ 80 : 8 = ___ 8 : 8 = ___
66 : 6 = ___ 60 : 6 = 10 6 : 6 = ___	36 : 3 = ___ 30 : 3 = ___ 6 : 3 = ___

2

42 : 3 = ___ 30 : 3 = ___ 12 : 3 = ___	60 : 5 = ___ 50 : 5 = ___ 10 : 5 = ___
64 : 4 = ___ 40 : 4 = ___ 24 : 4 = ___	51 : 3 = ___ 30 : 3 = ___ 21 : 3 = ___
90 : 6 = ___ 60 : 6 = ___ 30 : 6 = ___	91 : 7 = ___ 70 : 7 = ___ 21 : 7 = ___

1

75 : 5 =

50 : 5 =
25 : 5 =

72 : 4 =

40 : 4 =
32 : =

48 : 3 =

30 : 3 =
: =

78 : 6 =

60 : =
: =

32 : 2 =

: =
: =

2

56 : 4 =

: =
: =

72 : 6 =

: =
: =

65 : 5 =

: =
: =

38 : 2 =

: =
: =

84 : 7 =

: =
: =

3

45 : 3 =

: =
: =

84 : 6 =

: =
: =

96 : 8 =

: =
: =

54 : 3 =

: =
: =

80 : 5 =

: =
: =

4

68 : 4 =

: =
: =

98 : 7 =

: =
: =

57 : 3 =

: =
: =

96 : 6 =

: =
: =

72 : 4 =

: =
: =

1

26 : 2 =

20 : =

: =

46 : 2 =

40 : =

: =

2

33 : 3 =

30 : =

: =

63 : 3 =

60 : =

: =

93 : 3 =

90 : =

: =

3

44 : 4 =

: =

: =

84 : 4 =

80 : =

: =

4

24 : 2 =

: =

: =

44 : 2 =

: =

: =

64 : 2 =

: =

: =

5

36 : 3 =

: =

: =

66 : 3 =

: =

: =

6

28 : 2 =

: =

: =

48 : 2 =

: =

: =

68 : 2 =

: =

: =

7

48 : 4 =

: =

: =

88 : 4 =

: =

: =

8

39 : 3 =

: =

: =

69 : 3 =

: =

: =

99 : 3 =

: =

: =

1

206 : 2 =
200 : =
: =

404 : 4 =
: =
: =

510 : 5 =
: =
: =

707 : 7 =
: =
: =

315 : 3 =
: =
: =

2

612 : 6 =
: =
: =

210 : 2 =
: =
: =

416 : 4 =
: =
: =

327 : 3 =
: =
: =

832 : 8 =
: =
: =

3

954 : 9 =
: =
: =

648 : 6 =
: =
: =

535 : 5 =
: =
: =

880 : 8 =
: =
: =

735 : 7 =
: =
: =

Division mit Rest

1

25 : 5 = ☐ R 0
26 : 5 = ☐ R 1
27 : 5 = ☐ R ☐

36 : 6 = ☐ R ☐
37 : 6 = ☐ R ☐
38 : 6 = ☐ R ☐

21 : 7 = ☐ R ☐
22 : 7 = ☐ R ☐
23 : 7 = ☐ R ☐

18 : 9 = ☐ R ☐
19 : 9 = ☐ R ☐
20 : 9 = ☐ R ☐

40 : 8 = ☐ R ☐
42 : 8 = ☐ R ☐
44 : 8 = ☐ R ☐

2

30 : 3 = ☐ R ☐
31 : 3 = ☐ R ☐
32 : 3 = ☐ R ☐

40 : 4 = ☐ R ☐
42 : 4 = ☐ R ☐
43 : 4 = ☐ R ☐

50 : 5 = ☐ R ☐
53 : 5 = ☐ R ☐
54 : 5 = ☐ R ☐

60 : 6 = ☐ R ☐
64 : 6 = ☐ R ☐
65 : 6 = ☐ R ☐

70 : 7 = ☐ R ☐
75 : 7 = ☐ R ☐
76 : 7 = ☐ R ☐

3

120 : 4 = ☐ R ☐
121 : 4 = ☐ R ☐
122 : 4 = ☐ R ☐

250 : 5 = ☐ R ☐
251 : 5 = ☐ R ☐
253 : 5 = ☐ R ☐

240 : 6 = ☐ R ☐
241 : 6 = ☐ R ☐
244 : 6 = ☐ R ☐

420 : 7 = ☐ R ☐
421 : 7 = ☐ R ☐
425 : 7 = ☐ R ☐

640 : 8 = ☐ R ☐
641 : 8 = ☐ R ☐
646 : 8 = ☐ R ☐

4

300 : 3 = ☐ R ☐
301 : 3 = ☐ R ☐
302 : 3 = ☐ R ☐

700 : 7 = ☐ R ☐
705 : 7 = ☐ R ☐
706 : 7 = ☐ R ☐

500 : 5 = ☐ R ☐
503 : 5 = ☐ R ☐
504 : 5 = ☐ R ☐

900 : 9 = ☐ R ☐
907 : 9 = ☐ R ☐
908 : 9 = ☐ R ☐

600 : 6 = ☐ R ☐
604 : 6 = ☐ R ☐
605 : 6 = ☐ R ☐

Überschlage und kreuze an.

1

Aufgabe		
381 : 3 =	127	227
575 : 5 =	15	115
791 : 7 =	13	113
486 : 2 =	243	343
672 : 6 =	112	12
999 : 9 =	11	111
896 : 8 =	112	12

2

Aufgabe		
996 : 3 =	132	332
484 : 4 =	121	221
904 : 8 =	113	13
585 : 5 =	17	117
894 : 2 =	347	447
784 : 7 =	112	12
702 : 6 =	17	117

3

Aufgabe		
812 : 7 =	16	116
674 : 2 =	437	337
665 : 5 =	133	33
756 : 6 =	26	126
892 : 4 =	223	123
972 : 3 =	124	324
928 : 8 =	16	116

4

Aufgabe		
648 : 3 =	216	316
819 : 7 =	117	17
565 : 5 =	13	113
912 : 8 =	114	14
876 : 2 =	138	438
876 : 4 =	219	119
708 : 6 =	118	18

Schriftliche Addition
ohne Übertrag

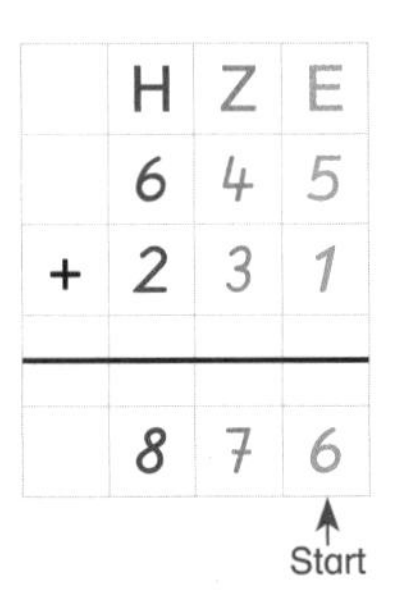

	H	Z	E
	6	4	5
+	2	3	1
	8	7	6

Start

1 Starte mit den Einern.

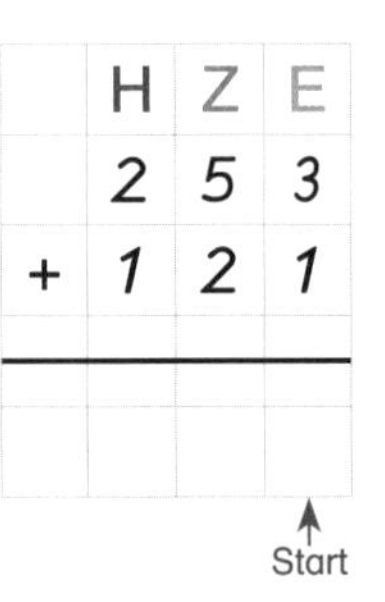

	H	Z	E
	2	5	3
+	1	2	1

Start

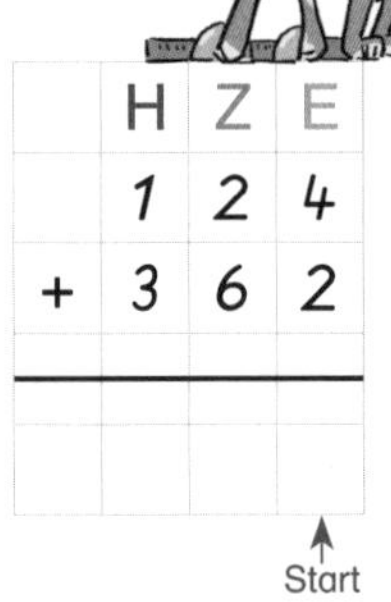

	H	Z	E
	1	2	4
+	3	6	2

Start

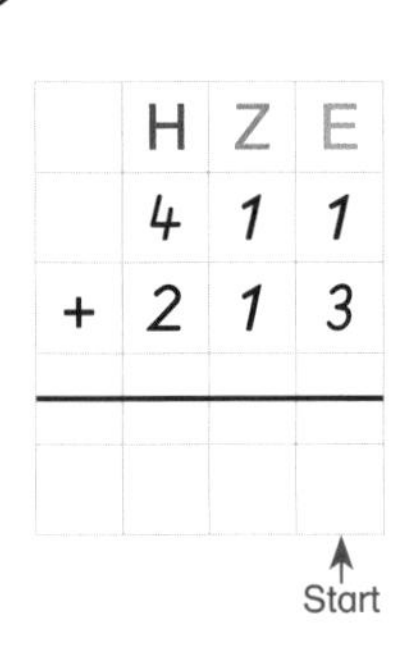

	H	Z	E
	4	1	1
+	2	1	3

Start

2

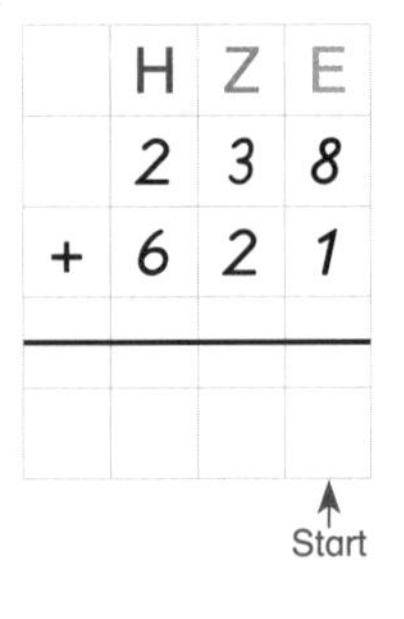

	H	Z	E
	2	3	8
+	6	2	1

Start

	H	Z	E
	2	3	5
+	2	4	3

Start

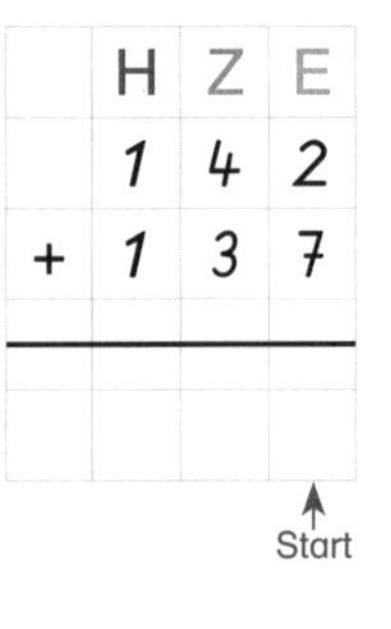

	H	Z	E
	1	4	2
+	1	3	7

Start

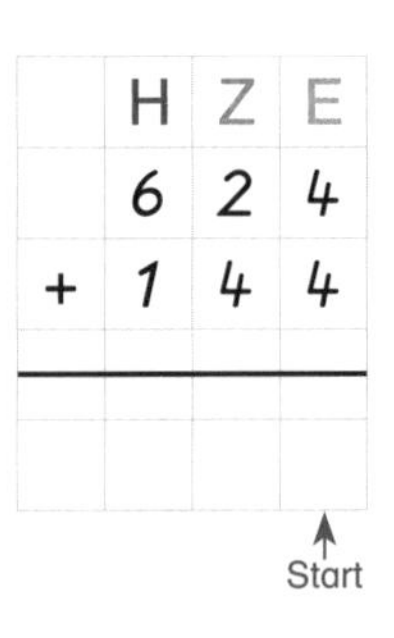

	H	Z	E
	6	2	4
+	1	4	4

Start

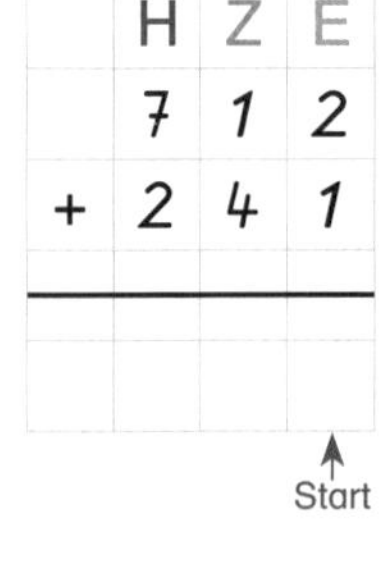

	H	Z	E
	7	1	2
+	2	4	1

Start

3

	H	Z	E
	1	3	2
+	3	3	6

	H	Z	E
	4	1	2
+	3	5	3

	H	Z	E
	3	4	2
+	2	5	1

	H	Z	E
	3	2	5
+	3	6	2

	H	Z	E
	5	1	4
+	4	3	2

Schriftliche Addition
mit einem Übertrag

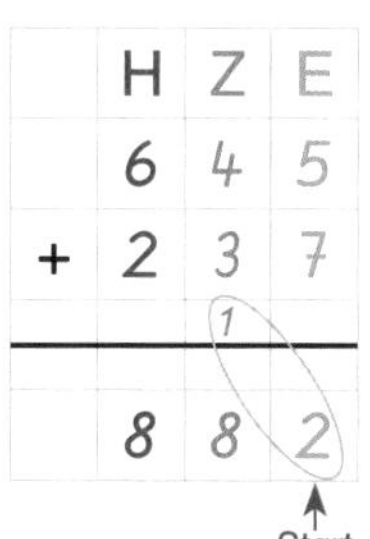

1

159 + 132 (Start)

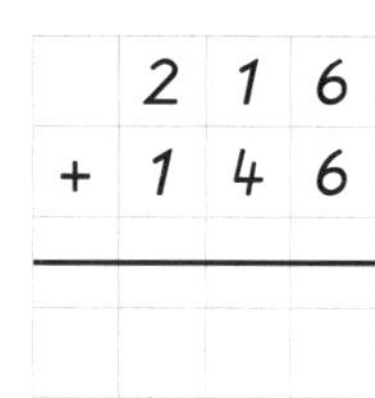

216 + 146

127 + 457

316 + 165

412 + 239

238 + 148

2

735 + 248

439 + 215

162 + 385

541 + 387

148 + 123

3

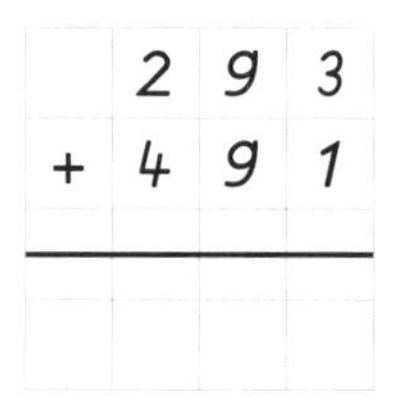

293 + 491

627 + 168

215 + 376

194 + 131

152 + 476

Schriftliche Addition

mit zwei Überträgen

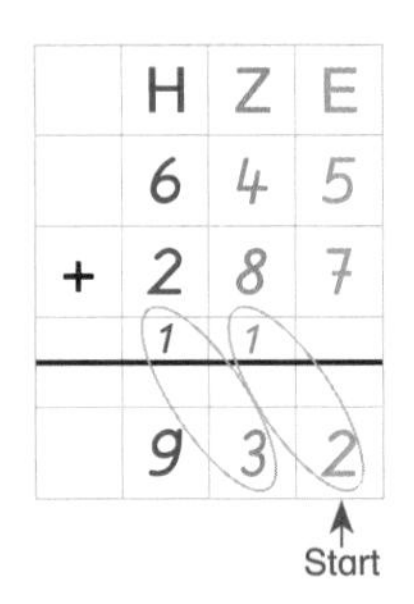

1

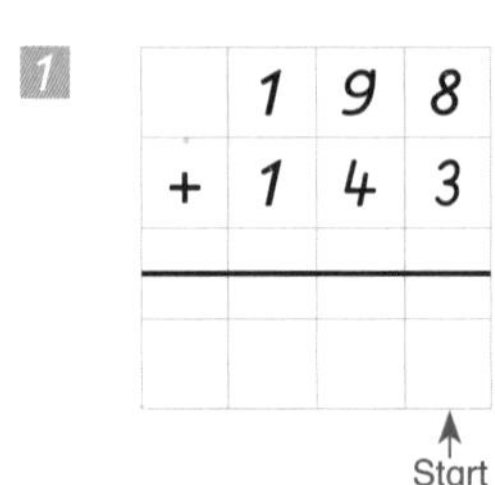

	2	9	8
+	1	2	8

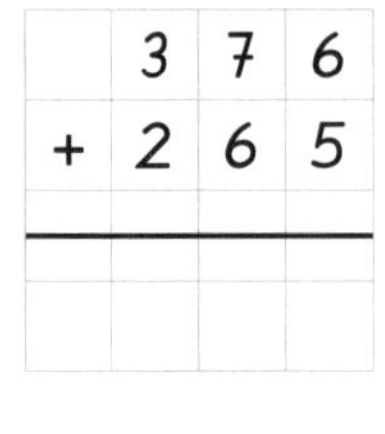

	3	7	6
+	4	7	9

	2	8	5
+	2	5	6

	1	3	5
+	2	9	8

2 Kreuze an.

- Plus-Aufgaben nennt man Additions-Aufgaben.
- Beim schriftlichen Addieren beginne ich mit den Einern.
- Beim schriftlichen Addieren beginne ich mit den Hundertern.

3

	2	8	4
+	5	3	7

	1	8	8
+	3	6	4

	2	6	4
+	4	5	9

	7	3	5
+	1	8	6

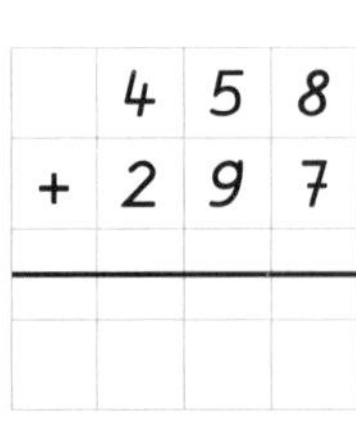

1

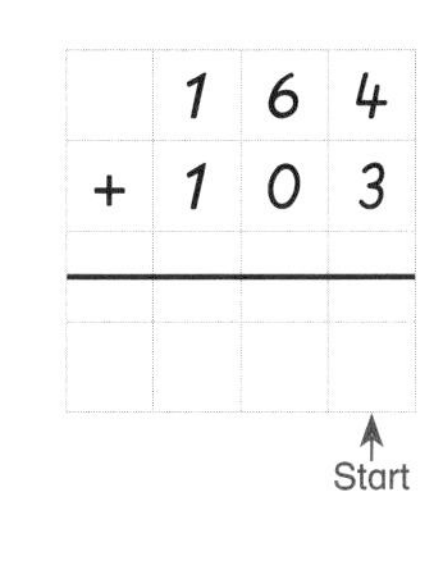
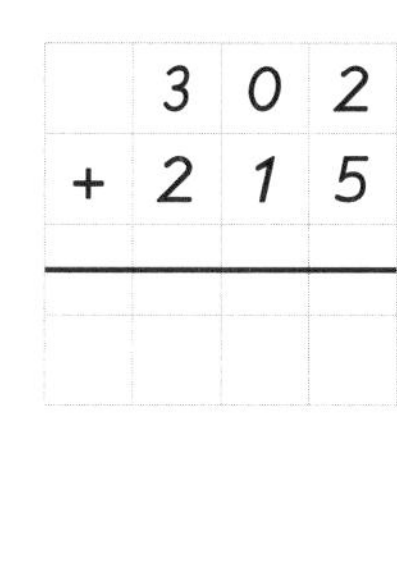
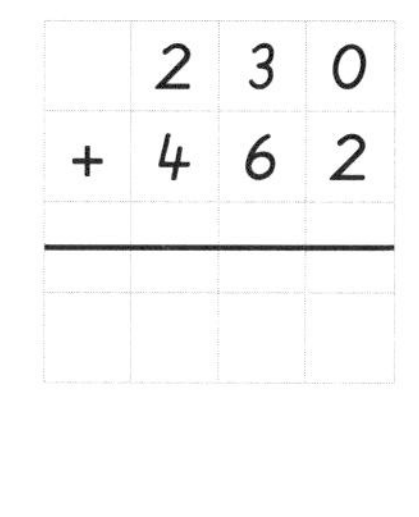
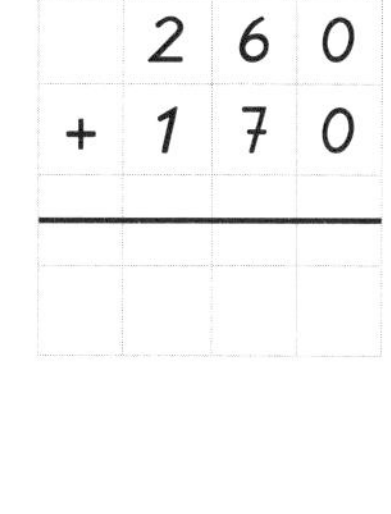
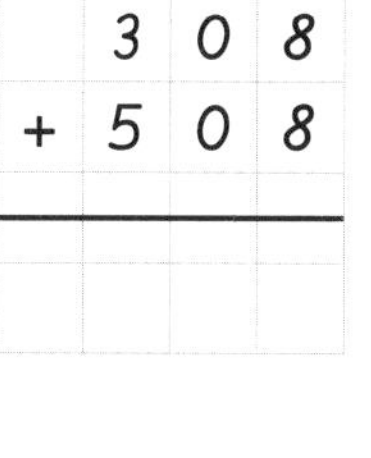

	1	6	4
+	1	0	3

Start

	3	0	2
+	2	1	5

	2	3	0
+	4	6	2

	2	6	0
+	1	7	0

	3	0	8
+	5	0	8

2

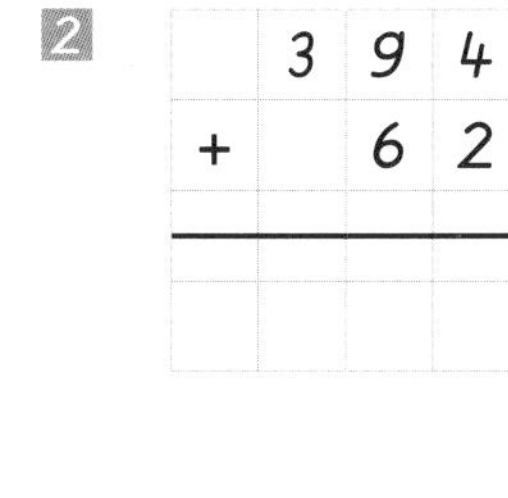

	3	9	4
+		6	2

	2	5	3
+		7	6

	1	7	6
+		7	2

		8	5
+		9	3

		9	4
+		4	7

3

	2	3	4
+		5	5

	6	2	5
+		7	3

		6	2
+	5	1	3

		4	5
+	8	2	9

	9	3	6
+		2	8

4

	1	7	4
+	1	3	2

	3	1	2
+	2	4	8

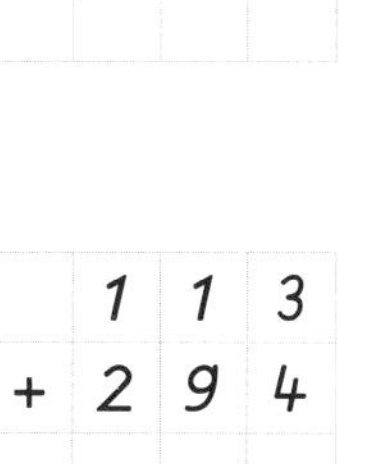

	1	1	3
+	2	9	4

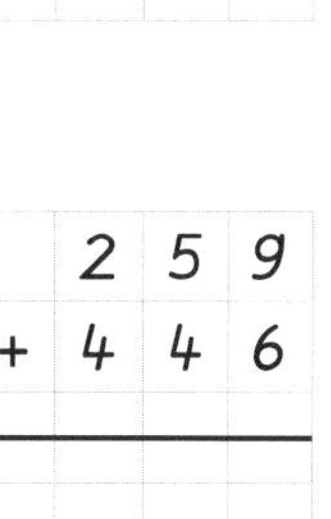

	2	5	9
+	4	4	6

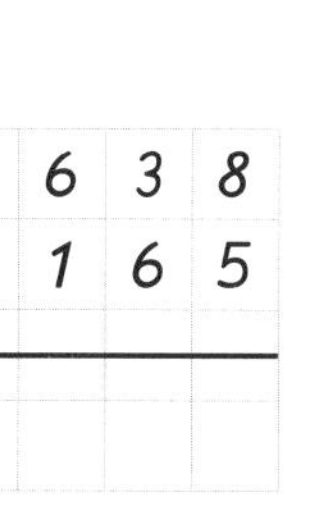

	6	3	8
+	1	6	5

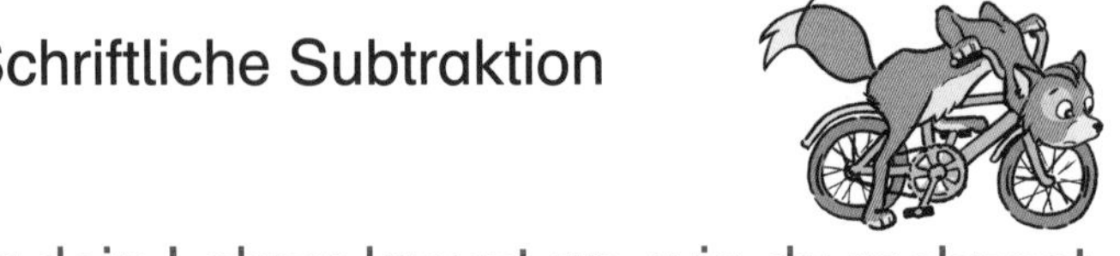

Schriftliche Subtraktion

Deine Lehrerin oder dein Lehrer kreuzt an, wie du rechnest.

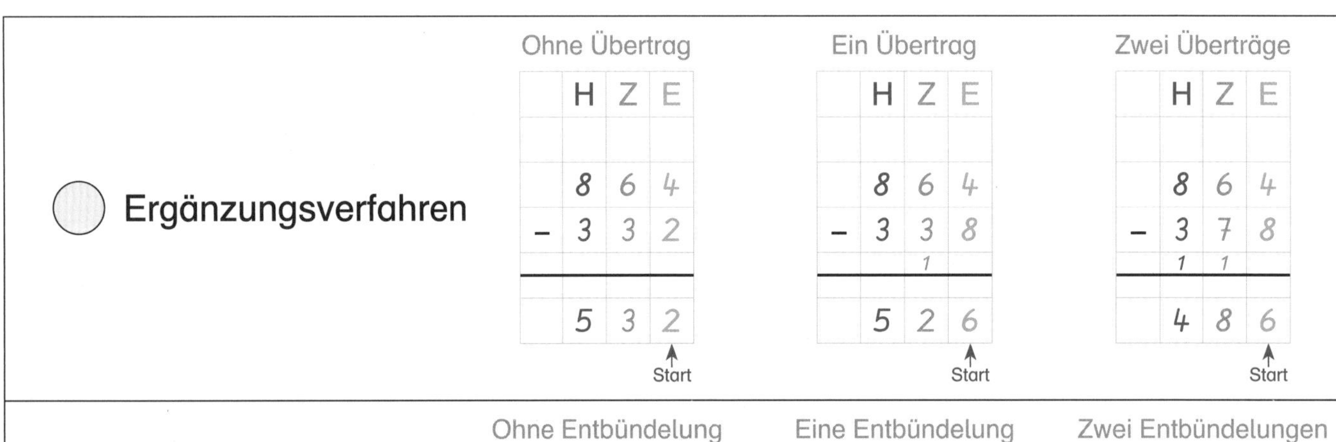

○ Ergänzungsverfahren

Ohne Übertrag

	H	Z	E
	8	6	4
–	3	3	2
	5	3	2

Start ↑ (E)

Ein Übertrag

	H	Z	E
	8	6	4
–	3	3	8
		1	
	5	2	6

Start ↑ (E)

Zwei Überträge

	H	Z	E
	8	6	4
–	3	7	8
	1	1	
	4	8	6

Start ↑ (E)

○ Abziehverfahren

Ohne Entbündelung

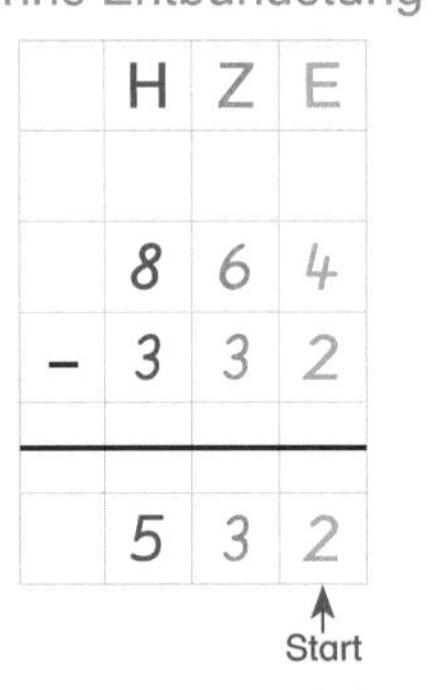

	H	Z	E
	8	6	4
–	3	3	2
	5	3	2

Start ↑ (E)

Eine Entbündelung

	H	Z	E
		5	14
	8	~~6~~	~~4~~
–	3	3	8
	5	2	6

Start ↑ (E)

Zwei Entbündelungen

	H	Z	E
	7	15	14
	~~8~~	~~6~~	~~4~~
–	3	7	8
	4	8	6

Start ↑ (E)

Schriftliche Subtraktion ohne Übertrag / Entbündelung

1

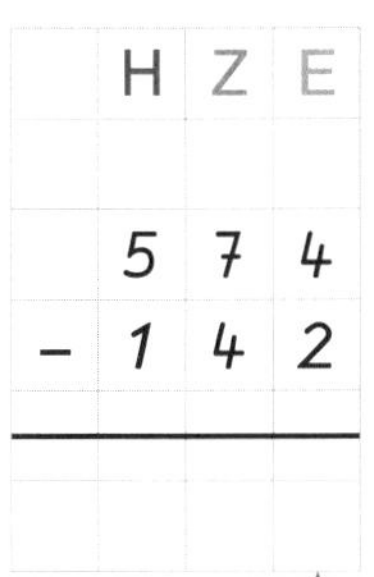
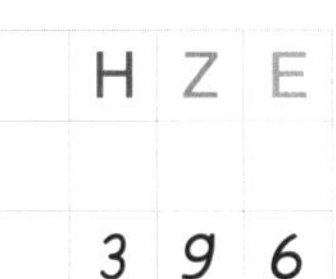

	H	Z	E
	5	7	4
−	1	4	2

	H	Z	E
	8	2	7
−	6	1	3

	H	Z	E
	3	9	6
−	2	5	4

	H	Z	E
	9	5	7
−	4	2	6

	H	Z	E
	7	9	8
−	3	5	1

Start ↑ (under each problem)

2

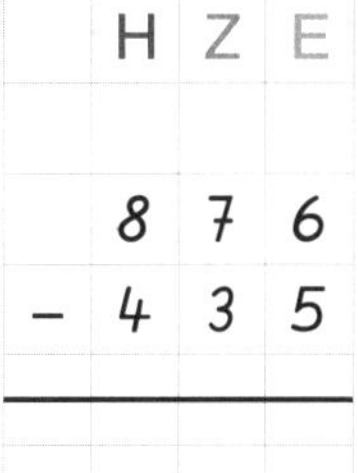

	H	Z	E
	7	5	4
−	6	1	2

	H	Z	E
	9	6	3
−	3	5	1

	H	Z	E
	8	7	6
−	4	3	5

	H	Z	E
	9	2	8
−	2	1	3

	H	Z	E
	6	4	9
−	3	2	5

3

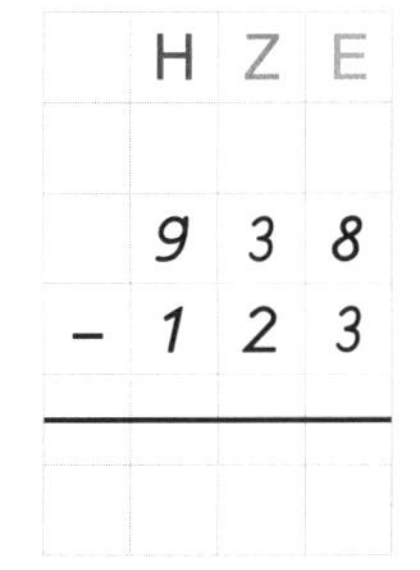

	H	Z	E
	9	3	8
−	1	2	3

	H	Z	E
	6	7	4
−	4	2	3

	H	Z	E
	7	8	9
−	1	2	6

	H	Z	E
	8	6	9
−	6	3	2

	H	Z	E
	7	6	7
−	2	3	5

Schriftliche Subtraktion mit einem Übertrag / einer Entbündelung

1

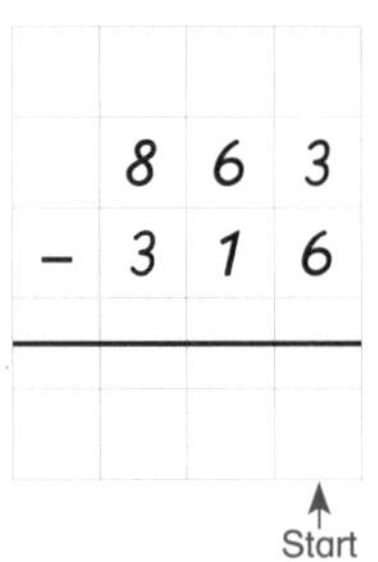

863 − 316

(Start)

781 − 644

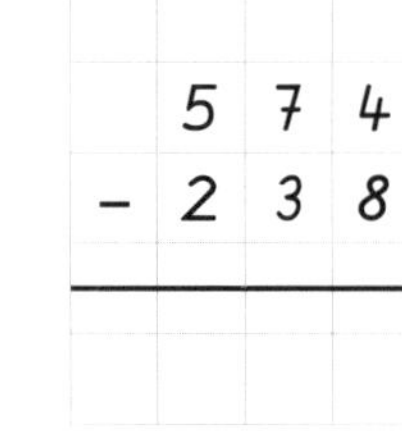

574 − 238

683 − 219

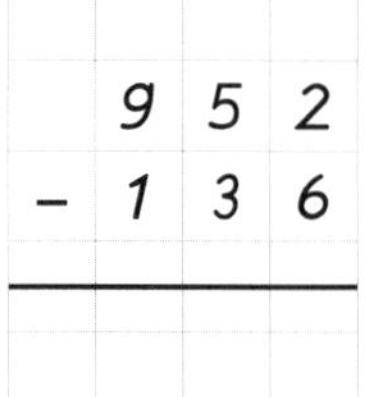

952 − 136

2

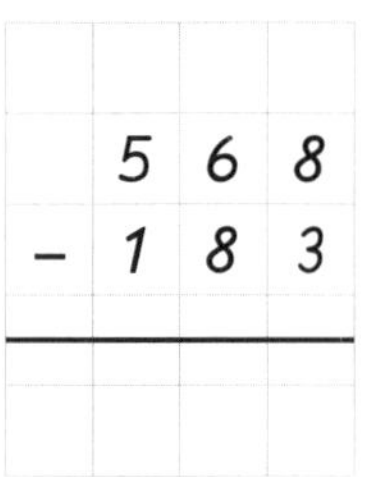

568 − 183

791 − 249

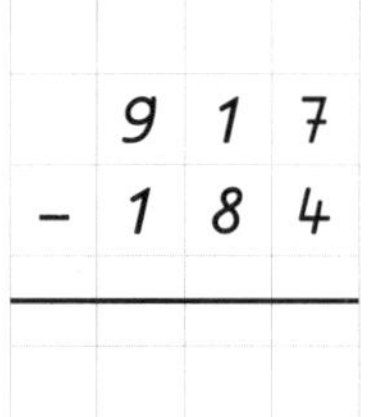

917 − 184

681 − 255

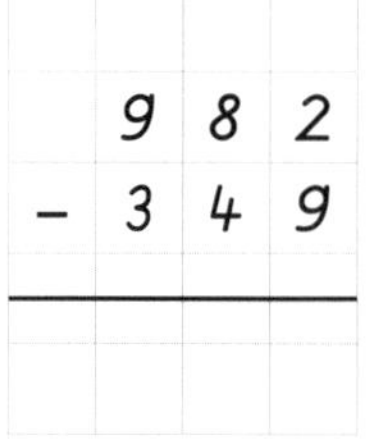

982 − 349

3

852 − 235

928 − 583

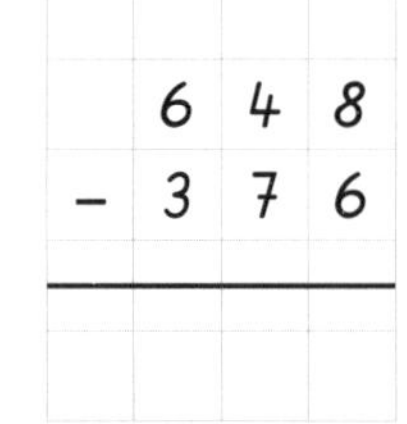

648 − 376

591 − 426

782 − 345

Schriftliche Subtraktion mit zwei Überträgen / Entbündelungen

1

531	824	732	631	522
− 356	− 257	− 476	− 439	− 158

Start

2 Kreuze an.

- Minus-Aufgaben nennt man Subtraktions-Aufgaben.
- Beim schriftlichen Subtrahieren beginne ich mit den Hundertern.
- Beim schriftlichen Subtrahieren beginne ich mit den Einern.

3

622	831	731	941	682
− 339	− 175	− 558	− 182	− 187

4

922	823	646	741	931
− 248	− 364	− 268	− 543	− 485

Probe beim Subtrahieren

Das Ergebnis einer Subtraktionsaufgabe kannst du mit der Umkehraufgabe überprüfen.

657 – 236 = 121

- ☐ richtig
- ☒ falsch

	1	2	1
+	2	3	6
	3	5	7

657 – 236 = 421

- ☒ richtig
- ☐ falsch

	4	2	1
+	2	3	6
	6	5	7

Überprüfe mit der Umkehraufgabe.

479 – 238 = 241

- ☐ richtig
- ☐ falsch

	2	4	1
+	2	3	8

279 – 125 = 164

- ☐ richtig
- ☐ falsch

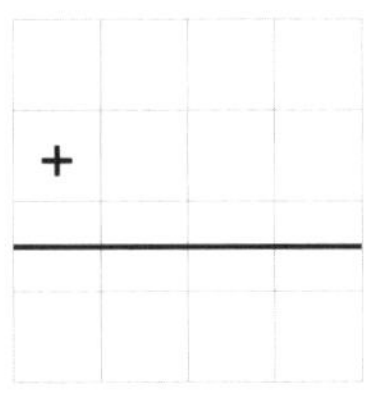

768 – 416 = 352

- ☐ richtig
- ☐ falsch

+			

925 – 241 = 684

- ☐ richtig
- ☐ falsch

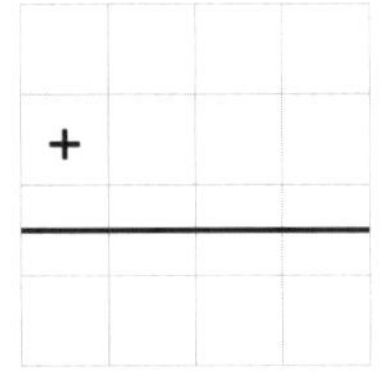

Überprüfe mit der Umkehraufgabe.

1

389 – 135 = 254

	2	5	4
+	1	3	5

richtig

falsch

748 – 275 = 453

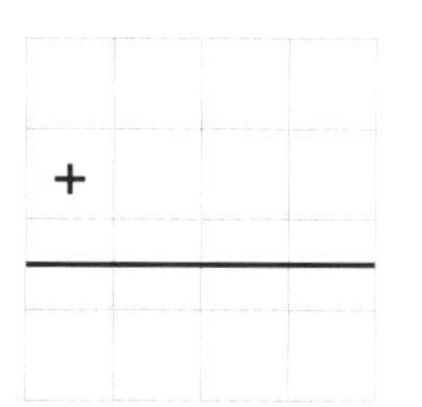

richtig

falsch

2 Kreuze an.

- Subtraktionsaufgaben kann ich mit der Umkehraufgabe überprüfen.
- Die Umkehraufgabe einer Subtraktionsaufgabe ist eine Additionsaufgabe.
- Die Umkehraufgabe einer Subtraktionsaufgabe ist eine Subtraktionsaufgabe.

3

876 – 531 = 365

+

richtig

falsch

542 – 346 = 196

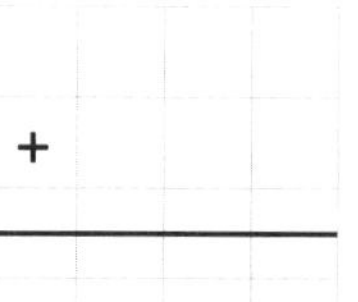

richtig

falsch

963 – 278 = 685

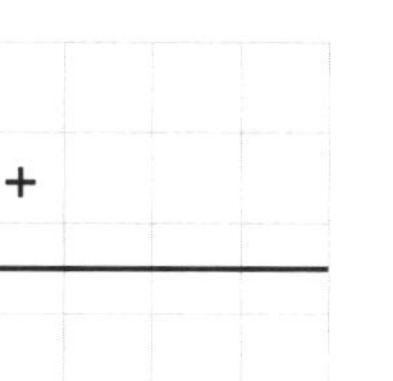

richtig

falsch

674 – 528 = 144

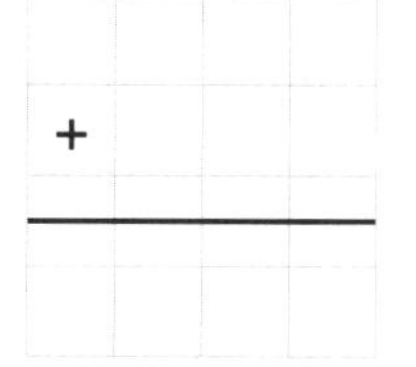

richtig

falsch

1

157 + 99 =	384 + 398 =	682 + 198 =
157 + 100 – 1 =	384 + 400 – 2 =	682 + 200 – 2 =
266 + 199 =	437 + 197 =	176 + 498 =
266 + 200 – 1 =	437 + 200 – 3 =	176 + 500 – 2 =
345 + 299 =	657 + 299 =	568 + 297 =
345 + 300 – 1 =	657 + 300 – 1 =	568 + 300 – 3 =

2 Kreuze an.

- ○ 256+199 hat das Ergebnis 455.
- ○ 256+199 hat das gleiche Ergebnis wie 256+200–1.
- ○ 256+200–1 kann mir bei der Aufgabe 256+199 helfen.

3

334 + 298 =	465 + 298 =	773 + 199 =	455 + 297 =
285 + 199 =	328 + 598 =	487 + 399 =	137 + 699 =
357 + 299 =	376 + 299 =	278 + 198 =	543 + 398 =

4

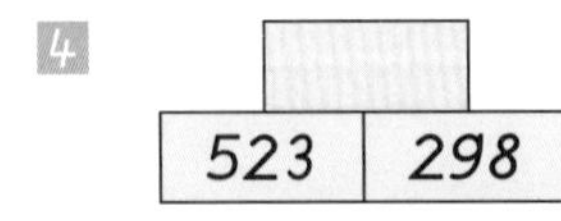

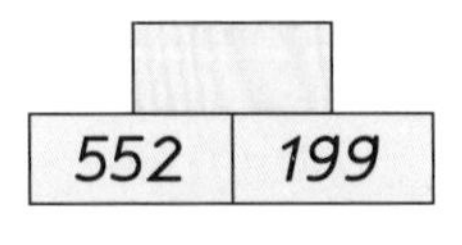

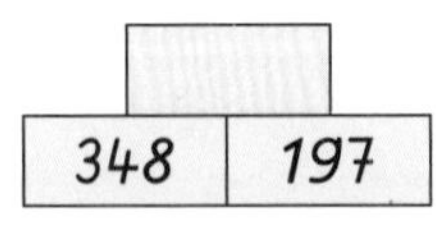

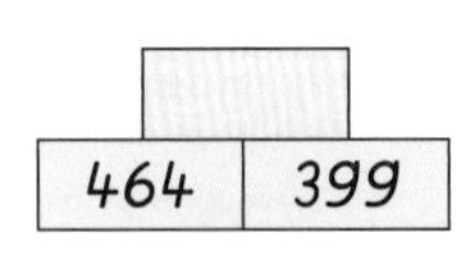

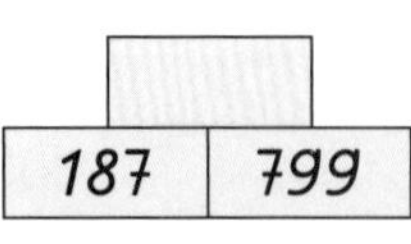

Aufgaben mit 9 Zehnern

1

176 – 99 =	546 – 398 =	973 – 598 =
176 – 100 + 1 =	546 – 400 + 2 =	973 – 600 + 2 =
453 – 199 =	815 – 198 =	734 – 197 =
453 – 200 + 1 =	815 – 200 + 2 =	734 – 200 + 3 =
964 – 397 =	632 – 499 =	921 – 499 =
964 – 400 + 3 =	632 – 500 + 1 =	921 – 500 + 1 =
784 – 399 =	837 – 298 =	963 – 699 =
784 – 400 + 1 =	837 – 300 + 2 =	963 – 700 + 1 =

2 Kreuze an.

453–199 hat das gleiche Ergebnis wie 453–200.

453–199 hat das gleiche Ergebnis wie 453–200+1.

453–200+1 kann mir bei der Aufgabe 453–199 helfen.

3

436 – 198 =	724 – 599 =	682 – 297 =	684 – 199 =
952 – 99 =	843 – 498 =	973 – 799 =	841 – 698 =
484 – 298 =	765 – 197 =	836 – 398 =	715 – 498 =

Aufgaben mit 9 Zehnern

Überschlage und kreuze an.

1		2		3		4	
156 + 138 =	294 / 494	364 + 271 =	835 / 635	427 + 146 =	473 / 573	364 + 377 =	741 / 941
287 + 172 =	359 / 459	436 + 447 =	983 / 883	374 + 261 =	635 / 835	481 + 432 =	813 / 913
238 + 146 =	384 / 484	284 + 278 =	562 / 462	584 + 137 =	821 / 721	346 + 218 =	564 / 664
573 + 264 =	837 / 637	581 + 346 =	827 / 927	678 + 214 =	892 / 792	437 + 184 =	721 / 621
461 + 474 =	835 / 935	348 + 134 =	482 / 582	273 + 261 =	734 / 534	573 + 267 =	840 / 640
343 + 328 =	771 / 671	472 + 163 =	635 / 835	463 + 478 =	841 / 941	476 + 316 =	792 / 992
482 + 247 =	729 / 629	367 + 386 =	653 / 753	736 + 127 =	863 / 763	688 + 243 =	831 / 931

Überschlagen

Finde zuerst die einfachen Paare und rechne geschickt.

1

80 + 76 + 20 =

179 + 193 + 7 =

140 + 382 + 60 =

270 + 168 + 30 =

251 + 370 + 30 =

2

184 + 109 − 9 =

260 + 372 − 60 =

456 + 380 − 80 =

588 + 436 − 36 =

235 + 687 − 35 =

3

191 + 9 + 194 + 6 =

480 + 170 + 20 + 30 =

192 + 270 + 30 + 8 =

360 + 40 + 196 + 4 =

299 + 520 + 1 + 80 =

4

Kreuze an.

In der Aufgabe 179+193+7 ist ein einfaches Paar.

In der Aufgabe 179+193+188 ist ein einfaches Paar.

Einfache Paare sollten zuerst gerechnet werden.

5

198 + 45 + 2 =

230 + 182 + 70 =

453 + 280 + 20 =

160 + 471 + 40 =

589 + 294 + 6 =

6

160 + 74 − 60 =

283 + 108 − 8 =

472 + 250 − 50 =

380 + 145 − 80 =

154 + 467 − 67 =

7

210 + 120 − 10 + 80 =

395 + 507 + 5 − 7 =

170 + 340 + 60 − 70 =

453 + 370 − 53 + 30 =

284 + 450 + 50 − 84 =

1

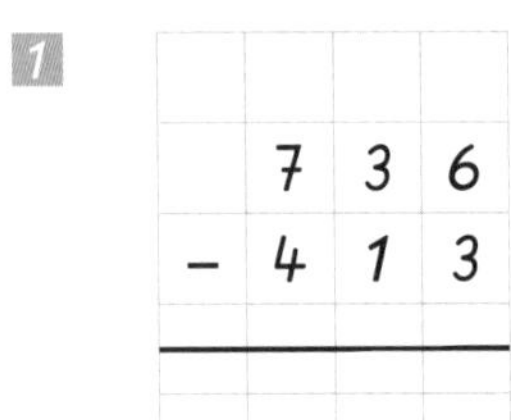

736 − 413

Start

879 − 236

548 − 183

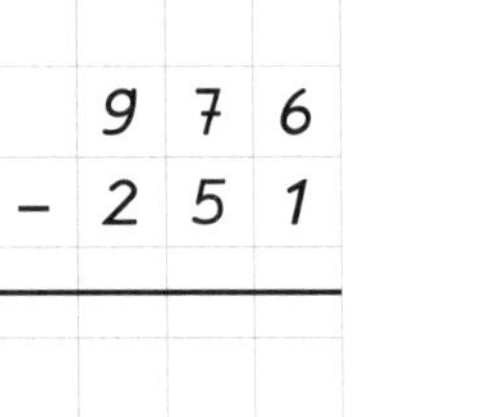

976 − 251

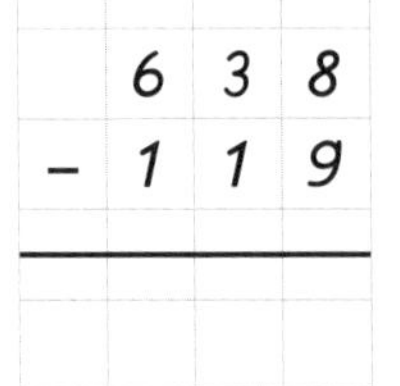

638 − 119

2

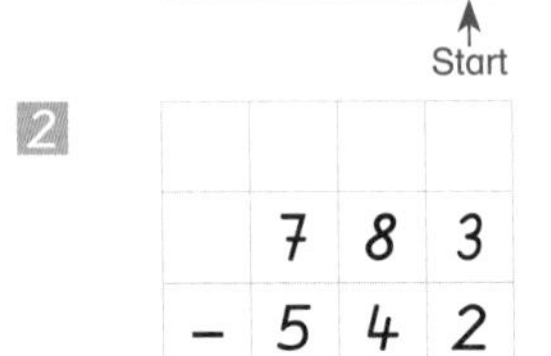

783 − 542

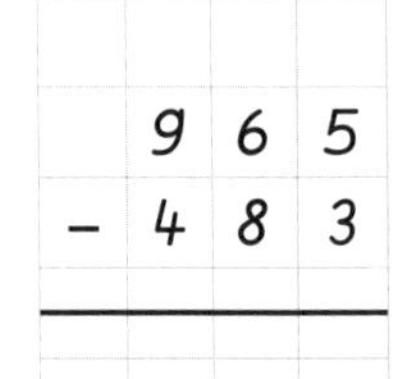

965 − 483

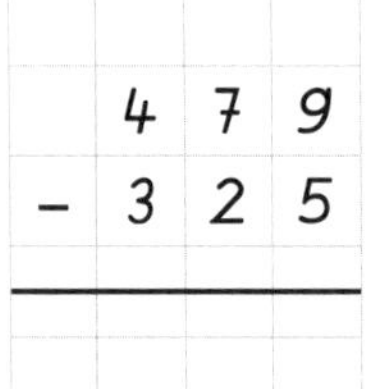

479 − 325

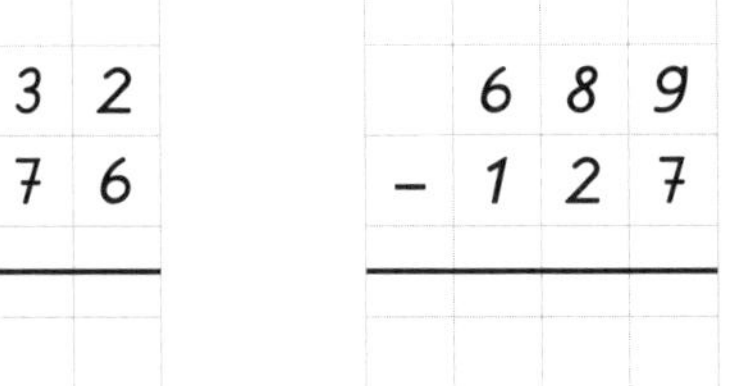

832 − 476

689 − 127

3

574 − 412

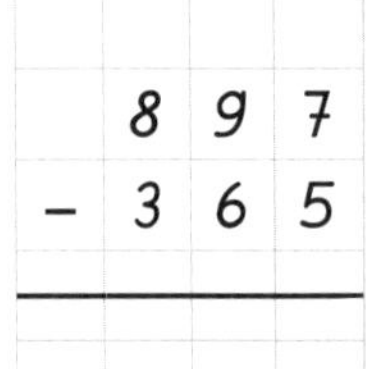

897 − 365

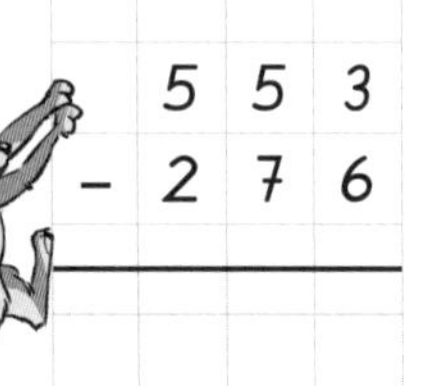

553 − 276

938 − 315

754 − 426

4

846 − 125

462 − 278

985 − 124

798 − 234

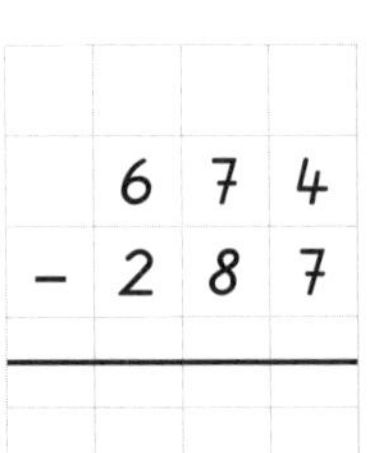

674 − 287

1

567 − 327	846 − 245	457 − 425	397 − 352	628 − 564

↑ Start

2

986 − 54	547 − 72	949 − 66	426 − 398	932 − 198

3

627 − 301	753 − 208	863 − 140	769 − 506	945 − 306

4

850 − 425	490 − 312	860 − 328	601 − 243	700 − 431

Schriftliche Subtraktion

Überschlage und kreuze an.

1		2		3		4	
662 − 237 =	425 / 325	528 − 163 =	465 / 365	681 − 173 =	508 / 408	867 − 248 =	619 / 519
746 − 462 =	484 / 284	934 − 247 =	687 / 887	523 − 246 =	277 / 177	713 − 567 =	146 / 346
973 − 138 =	735 / 835	762 − 538 =	224 / 124	936 − 162 =	674 / 774	528 − 132 =	396 / 296
834 − 471 =	263 / 363	817 − 243 =	574 / 774	764 − 328 =	636 / 436	631 − 474 =	157 / 357
684 − 146 =	538 / 438	646 − 472 =	174 / 374	846 − 487 =	259 / 359	872 − 326 =	746 / 546
428 − 231 =	297 / 197	483 − 174 =	209 / 309	972 − 314 =	458 / 658	946 − 687 =	259 / 159
567 − 288 =	279 / 179	834 − 386 =	648 / 448	467 − 278 =	289 / 189	724 − 238 =	486 / 686

Überschlagen

1

124 − 123 = 　　 201 − 198 = 　　 734 − 729 = 　　 586 − 585 =

123 + 　 = 124 　 198 + 　 = 201 　 729 + 　 = 734 　 585 + 　 = 586

348 − 347 = 　　 461 − 459 = 　　 301 − 299 = 　　 671 − 667 =

347 + 　 = 348 　 459 + 　 = 461 　 299 + 　 = 301 　 667 + 　 = 671

2

Kreuze an.

- 201−198 hat das Ergebnis 3.
- 198+3 hat das Ergebnis 201.
- 198+3=201 kann mir bei der Aufgabe 201−198 helfen.

3

102 − 99 = 　　 628 − 627 = 　　 401 − 399 = 　　 301 − 298 =

216 − 215 = 　　 443 − 439 = 　　 956 − 955 = 　　 572 − 567 =

391 − 389 = 　　 901 − 898 = 　　 791 − 789 = 　　 601 − 598 =

4

−	567	565	566	563	564
568					

−	635	633	636	632	634
637					

−	349	350	347	348	351
352					

−	797	800	796	798	799
801					

Einmaleins-Tabelle

·	11	12	13	14	15	16	17	18	19	20
0	0									
1										
2										
3										
4										
5										
6										
7										
8										
9										
10										